오십에

처음 만나는

예술

가우디에서 ✦ 임영웅까지
인생 후반전, 예술에서 삶을 재발견하다

오십에 처음 만나는 예술

유창선 지음

도서출판 새빛
SAEVIT

50대에 나는 그만 예술에 빠져 버렸다

오래 전부터 내게는 '1세대 정치평론가'라는 이름이 붙여졌다. 30년이 넘는 세월 동안 방송과 언론, 그리고 SNS를 통해 정치 얘기만 했다. 현실 정치에도 이런 저런 이유로 적지 않게 관여를 했던 시간들도 있었다. 그러니 나의 시선은 내 자신이 아닌 저 멀리 있는 광장으로 향해 있었다. 내 인생의 가장 긴 시간이 그렇게 지나갔다. 역사의 무게를 혼자 짊어지기라도 한듯이 심각한 표정을 짓고는 무겁고 날선 얘기를 하며 살다보니 예술의 아름다움과 감흥 같은 것을 느끼고 보존할 마음의 빈 자리가 없었다.

'예알못'이었던 내가 예술이 주는 감흥과 행복감에 눈뜨기 시작한 것은 5년전 병상에서였다. 생사를 가르는 큰 수술을 하고 8개월 동안 병상 생활을 해야 했다. 병실에서는 밤 9시가 되면 일제히 소등을 한다. 그때 갑갑하고 지친 마음을 달래기 위해 밤마다 이어폰을 꽂고는 휴대폰에 담아놓은 음악들을 들었다. 깜깜한 병실에서였지만 쇼팽의 녹턴과 바흐의 무반주 첼로곡들을 듣다보면 위로받는 느낌이 들었다. 몸은 힘들었지만 마음은 더 없이 편해졌다. 50대의 나이를 떠나 보내던 마지막 시간에 나는 예술이 주는 위로와 치유의 고마움에 비로소 눈뜨기 시작했던 것이다.

병원에서 나오면서 이제 남은 생은 나를 돌보며 살아야겠다고 생각했다. 건강을 조금씩 회복하면서 연주회장을 찾기 시작한 것도 그런 맥락이었다. 아직 몸이 불편해서 때로는 문화공연장에 힘들게 도착하지만 오케스트라의 아름다운 선율이 들려오기 시작하면 그런 불편 따위는 모두 잊게 된다. 이 좋은 저녁 시간에 이렇게 아름다운 음악을 들으며 오롯이 자신에게 집중하는 시간을 갖고 있는 나는 세상에서 제일 행복한 사람이라는 생각이 들곤 한다. 공연이 끝나고 집으로 돌아오는 길은 언제나 다 나은 것 같은 힘찬 모습이었다. 흔히들 얘기하는 치유의 힘일 것이다. 그렇게 나는 음악을 통해 위로받곤 했다.

공연을 즐기는 생활에 빠져들면서 점차 문화를 향유하

는 장르도 다양해졌다. 관심과 궁금증이 꼬리를 물고 연결됐다. 오케스트라, 독주와 앙상블, 실내악, 뮤지컬, 오페라, 콘서트, 발레, 국악관현악, 판소리, 연극, 전시회, 영화 등 듣고 볼 좋은 작품들이 있으면 달려가곤 했다. 가족들과 유럽 여행을 갔을 때는 그림들이 너무 좋아 나 혼자 아침부터 저녁까지 끼니도 걸러가며 뮤지엄들을 순례하던 날들도 있었다. 공연을 보면 간혹 기대에 못미쳐 실망하는 작품이 없는 것은 아니었지만, 대부분의 작품들은 좋다. 문화예술에 자신의 모든 것을 건 사람들이 공들여 만든 작품이니 그러지 않을 수가 없는 것이다. 그래서 스스로 '중독'이라는 말을 할 정도로 문화예술이 좋았고 빠져들었다. 지난해부터는 〈여성신문〉에 '유창선의 문화이야기'라는 문화칼럼을 고정 연재하고 있다. 문화예술 또한 내 글쓰기의 새로운 영역이 된 것이다. 원래부터 책을 좋아했고 50대 초반에는 인문학 공부에 심취했던 시절도 있었지만, 그렇게 쌓아놓았던 사유들은 문화와 예술을 이해하는데 모두 연결될 수 있었다.

내가 예술 작품들을 접하면서 받는 감동은 단지 작품 자체에서만은 아니다. 내 눈앞에 있는 작품을 만들어낼 때까지 혼신의 힘을 다했던 예술가의 투혼을 떠올리곤 한다. 심한 목디스크 때문에 서서 작업하는 것이 고통스러웠던 김환기는 캔버스 위에 점 하나 하나를 그리는 작업을 하루 종일

했다. 베토벤은 말년의 극심한 역경과 고통 속에서도 인간의 화합과 희망을 노래하는 불멸의 곡들을 남겼다. 폐결핵은 악화되고 조르주 상드와도 이별하여 외롭게 된 쇼팽은 그래도 피아노 건반을 떠나지 않고 아름다운 곡들을 만들었다. 그래서 '인생은 짧지만 예술은 길다'.

예술은 우리의 심연 속에 있었던 마음이 무엇이었던가를 꺼내서 알게 해준다. 연주를 듣다가 저절로 눈물이 나는 데는 그만한 내면의 이유가 있다. 그러니 예술은 내가 누구인가, 내 마음이 어떠한가를 알도록 해준다. 또한 예술은 우리를 더 좋은 사람으로 성장시킨다. 어떤 감정과 삶이 좋은 것이고 나쁜 것인가를 돌아보게 만들어주는 힘이 있다. 우리는 그림을 보면서 음악을 들으면서 내면의 성숙을 다지는 시간을 갖게 된다.

음악평론가 스티븐 존슨은 『쇼스타코비치는 어떻게 내 정신을 바꾸었는가』에서 이렇게 말한다. "길고 긴 고립의 한가운데에 빠져 있었던 나에게 쇼스타코비치는 내가 완전한 혼자가 아님을, 내가 느끼는 감정을 다른 누군가도 알고 있음을 알려주었다. 또한 어떤 신비한 차원에서 쇼스타코비치도 나를 '들었음'을 깨닫게 해주었다." 나 같은 감정을 가진 사람이 혼자가 아님을 음악은 들려주고 있는 것이다. 그러니 음악은 힘들고 지친 사람들에게 나도 그렇다면서 위로와 치유의 힘을 준다. 역시 스티븐 존슨의 말이다. "음악이 계속되는 한은 나도 그들 중의 일부다. 여러 목소리 가운데 하나다. 교향곡의 마지막 몇 마디가 침묵 속으로 사라지고, 나는 잠시 그대로 서 있다. 나는 하잘 것 없는 존재일 수가 없었다. 음악이 나에게 이렇게 느끼게 하는데, 어떻게 그럴 수가 있겠는가."

음악은 이렇게 내게 용기를 준다. 내가 존엄하고 귀한 존재임을 자각하게 만든다. 어디 음악만이 그렇겠는가. 모든 예술이 그러하다. 그래서 예술이 고마운 것이다.

예술은 또한 자유이다. 정치에서는 눈치를 보느라 감히 입에 담지 못했던 생각과 감정을 예술은 있는 그대로 솔직하게 표현한다. 예술가들에게는 금기도 성역도 없었다. 내가 감히 못하던 것을 그들이 하는 것을 듣고 보니, 비겁하지만 그 또한 위로가 된다.

이 책은 근래에 내가 관람했던 공연, 영화, 전시회 등 다양한 문화예술 작품들에 대한 글들을 담고 있다. 특히 지난 한해 동안 정말 부지런히 많은 작품들을 보러 다녔는데 그 가운데 일부를 담았다. 단순한 후기를 넘어 내가 갖고 있는 인문학적 시선 위에서 작품과 예술가들에 대한 생각을 풀은 글들이다. 이 책을 통해 독자들이 작품 이상의 인사이트를 얻게 되기를 소망한다. 작품을 접하지 못한 사람들에게는 관람의 욕구를 부여하고, 작품을 이미 접했던 사람들에게는 그 이면의 더 많은 것들을 사유할 수 있는 기회가 되기를 소망한다. 다만 클래식 음악 연주회를 가장 많이 다녔으면서도 상대적으로 글이 적은 것은, 들었던 감흥을 텍스트로 풀어내는 능력이 아직 부족한 탓이다. 책의 부록으로는 작가 아니 에르노의 책들에 대한 글을 실었다. 자기 자신을 객관화 하는 그녀의 칼 같은 글쓰기의 매력을 독자들이 이해하는데 도움이 되기를 바란다.

이 책의 원고를 끝낼 무렵 21대 국회의원이기도 한 김예지 피아니스트가 조선형 소프라노와 함께 하는 듀오 공연을 찾아가서 관람했다. 앞을 볼 수 없는 피아니스트가 어떻게 연주를 할까 궁금했다. 나의 불안과는 달리 김예지는 조명을 모두 끈 깜깜한 무대 위에서 베토벤 피아노 소나타 27번을 감동적으로 연주했다. 그날 마지막 순서는 김예지의 성악이었는데 슈베르트의 가곡 '음악에게An die Musik'를 불렀다. 슈베르트가 음악이 주는 위안에 감사하며 음악을 찬양하는 마음으로 지은 곡이다. "음악인으로서 음악을 통해 위로 받았던 감사함을 관객들에게 돌려드리고 함께 노래하기 위해 이 곡을 마지막으로 선택했다"는 것이 김예지의 말이었다. 김예지는 연주회 중간 중간 관객들에게 "오늘 행복하시냐"고 물었다. 자신의 역경을 딛고 다른 사람들에게 위로와 행복을 주는 예술가의 모습은 그렇게 아름답다.

이렇게 감히 책을 내지만 문화예술에 관한한 나는 언제나 배우는 학생이다. 체계적인 음악교육을 받은 적도 없고 악기를 연주해본 적도 없다. 그림을 보는 것도 전문적인 식견을 갖고 있지 못하다. 그래서 연주회를 가고 전시회를 갈 때면 열심히 공부한다. 가기 전에는 예습을 하고, 다녀온 뒤에도 그 여운을 즐기면서 복습을 해서 내 것으로 만들려고 노력한다. 예술의 매력을 뒤늦게야 깨달은 늦깎이 학생이라고나 할까.

평생 하던 정치 얘기나 하면서 살지, 이 나이에 무슨 새로운 문화예술 얘기를 하겠다고 공부를 하고 글을 쓰느냐고 물을지 모른다. 사실 나도 무엇을 위해서 이러는지 알지 못한다. 그저 보고 듣는 것 자체가 즐겁고 행복한 마음 때문일 것이다. 평생 갖고 살았던 정치나 이념 가득한 삶이 내게 결코 줄 수 없었던 마음의 평안과 안정을 예술이 이렇게 주고 있음을 발견하고 있다. 공부에는 나이가 없다고들 한다. 나는 이 말을 조금 바꿔서, 예술을 접하는 데는 나이가 없다고 말하고 싶다. 오히려 나이가 들수록 한편의 교향곡이나 그림이 주는 의미가 무엇인가를 내 것으로 받아들이며 생각할 수 있는 깊이를 갖게 된다.

이 책이 문화예술의 즐거움을 많은 분들과 함께 나누는

기회가 되기를 소망한다. 사는 것이 힘들고 고달픈 많은 이들을 위해서도, 이제 나이도 드니 인생의 즐거움을 찾을 곳이 없다고 생각하는 이들을 위해서도, 문화예술의 문턱이 더 낮아져서 함께 향유하게 되기를 소망한다. 문화예술을 사랑하는 독자 여러분들과 공연장과 전시장에서 더 많이 만날 수 있기를 기대한다. 나는 오늘도 피켓팅(피튀기는 티켓팅)을 한다.

2024년 3월

유창선

차례

3부 예술가들의 투혼이 낳은 성취

1부

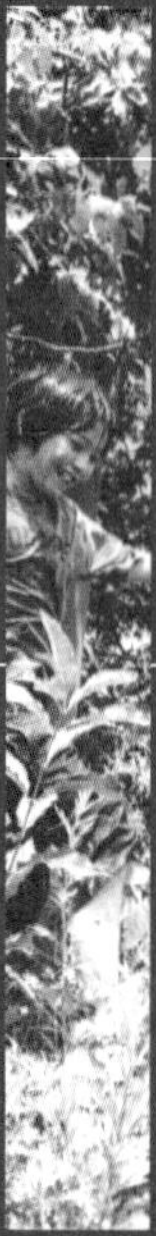

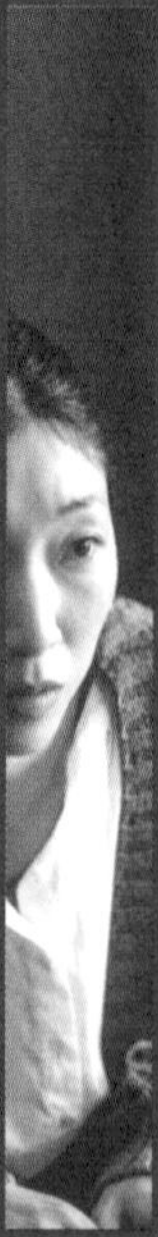

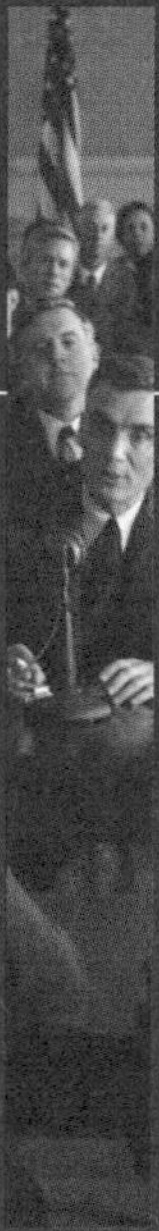

무엇이 선이고 무엇이 악인가

괴물은 누구인가, '괴물 찾기'에 매달린 우리가 괴물

고레에다 히로카즈 감독의 영화 〈괴물〉

"괴물은 누구게?" 영화 〈괴물〉의 두 아역 주인공 미나토(구로카와 소야)와 요리(히이라기 히나타)는 버려진 열차 속에 앉아 '괴물은 누구게'를 묻고 맞추는 놀이를 한다. 고레에다 히로카즈 감독은 영화 속에서 '괴물은 누구인가'라는 질문을 반복해서 던진다. 그래서 관객들은 영화를 보면서 계속 괴물을 찾는다. 하지만 결국에는 아무도 괴물이 아니었음을 관객들은 알게 된다. 대신 어떻게든 누군가를 괴물로 만들려고 매달렸던 내가 진짜 괴물인지 모른다는 자괴감을 안겨준 채 영화는 끝난다.

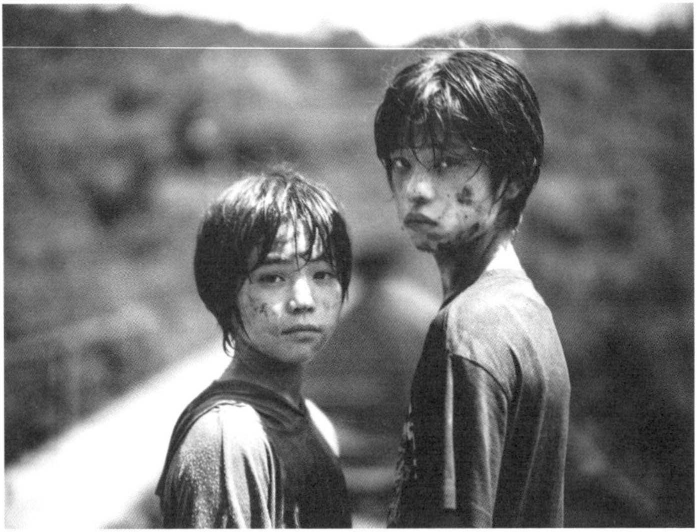

© (주)NEW

“당신들은 인간인가요?”

영화는 학교에서 있었던 교사의 폭력을 소재로 전개된다. 싱글맘 사오리(안도 사쿠라)는 아들 미나토의 행동에서 이상한 모습들을 발견한다. 그런 미나토는 “사람의 뇌에 돼지의 뇌가 들어있다면 그건 사람이냐”고 묻는다. 미나토는 학교에서 호리 선생(나가야마 에이타)에게 “너의 뇌는 돼지의 뇌와 뒤바뀌었다”는 언어 학대와 함께 폭행을 당했음을 사오리에게 말한다. 항의하러 학교를 찾아간 사오리는 호리 선생

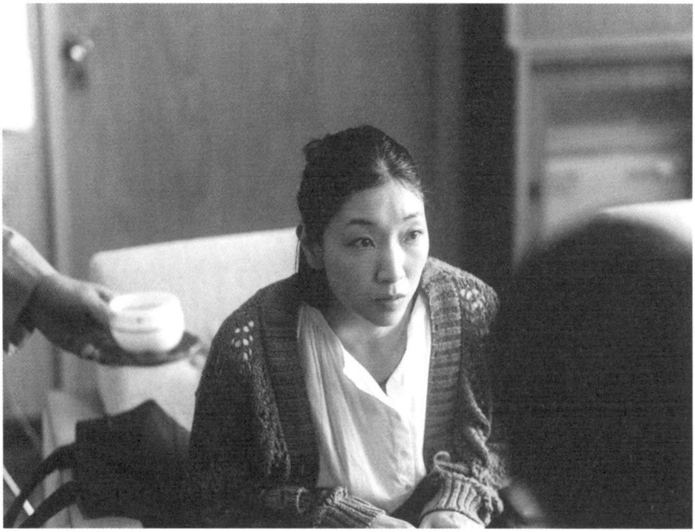

과 후시미 마키 교장(다나카 유코)의 폭력 사실 인정과 진정성 있는 사과를 요구한다.

그러나 교장 선생도 호리 선생도 모두 무표정한 얼굴로 고개 숙이며 기계적인 사과를 하기에 급급한다. '오해'였다고만 할 뿐 끝내 '사실'임을 고백하지 않는 그들의 태도에 분노한 사오리의 눈에는 학교 선생들이 괴물이었다. "저는 사과를 듣고 싶은 게 아니에요. 저를 그냥 인간으로 대우해주면 안 되나요? 당신들에게 인간의 마음이라는 게 있나요? 당신들은 인간인가요?"

소문과 진실은 달랐다

그러나 영화는 2장에서는 관점을 바꿔 호리 선생의 시선에서 동일한 상황을 복기해 나간다. 사오리의 눈으로만 보고 호리 선생을 괴물이라 여겼던 관객들의 생각은 하나씩 허물어지게 된다. 호리 선생의 시선에서 본 학교 폭력의 진실은 전혀 달랐다.

미나토에게 "너의 뇌는 돼지의 뇌와 뒤바뀌었다"는 말을 한 것은 호리 선생이 아니라 요리를 학대하던 그의 아버지였다. 호리의 폭력이라는 것도 교실에서 과잉 흥분 행동을 한

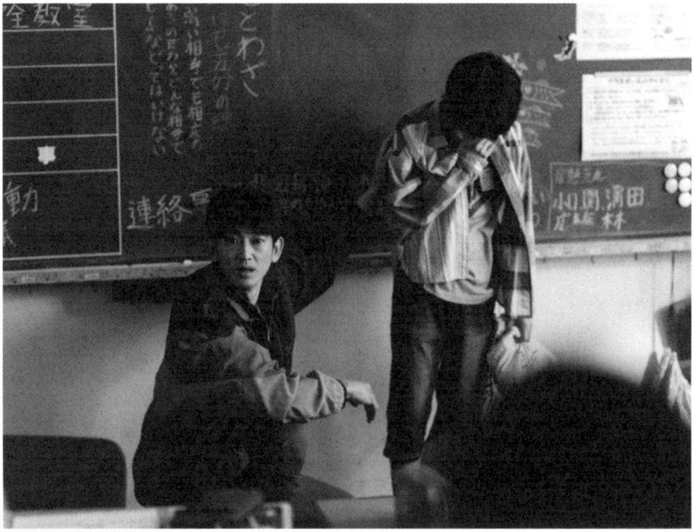

미나토를 제어하는 과정에서 의도하지 않게 상처를 낸 것이었다. 요리는 호리 선생이 미나토를 때렸다고 말했지만 거짓말이었다. 미나토는 호리 선생이 자기를 밀쳐서 계단에서 쓰러졌다고 말했지만 그것도 거짓말이었다.

호리 선생은 특별히 잘못한 것이 없었다. 그러나 학부모가 변호사를 샀다며 학교부터 살려야 한다며 사과를 강권하는 교장과 동료들에게 떠밀려 억지 사과를 한 것이다. 호리 선생은 아이들이 퍼뜨린 근거없는 소문에 의해 '걸스바'에나 드나드는 선생으로 손가락질 당하기도 한다. 한 사람을 괴물로 만드는 것은 시간문제였다. 하지만 호리 선생은 성실하게 교사의 본분을 다하려던 선한 인물이었음을 관객들은 알게 된다.

누구도 괴물은 아니었다

영화의 3장에서 나타나는 세번째 시선은 아이들의 것이다. 미나토는 왜 거짓말을 했던 것일까. 미나토는 교장에게 고백한다. "저도 잘은 모르겠지만 좋아하는 애가 있어요. 그걸 말할 수 없어서 거짓말을 했어요. 내가 행복해질 수 없다는 게 들통날까봐 말할 수가 없었어요." 그 애기를 들은 교

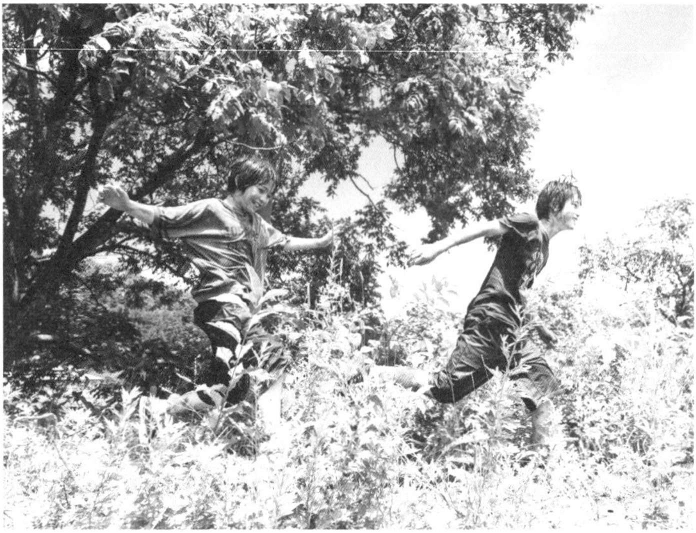

장 선생도 말한다. "그랬구나. 나도야." 교장 선생은 자신이 운전하던 차로 손녀를 치어 사망하게 만들었지만 남편이 운전한 것으로 꾸미는 거짓말을 했다는 암시가 영화 속에 나온다.

미나토는 동성인 요리를 친구 이상으로 좋아하는 마음이 생겼다. 그런데 요리는 같은 반 남자아이들에게 왕따를 당하고 집에서는 폭력적인 아버지로부터 학대를 받는다. 미나토는 그런 요리를 지켜주고 싶지만 누구에게도 그런 감정을 말할 수가 없었다. 그래서 호리 선생을 끌어들인 것이다.

미나토도 교장 선생도 자신에게 소중한 것을 지키기 위해 거짓말을 했던 것이다. 그런 거짓말들을 한 것이 미나토만의 잘못은 아니었다. 아들에 대해 아무것도 몰랐던 엄마 사오리, 아이들을 이해하려 하지 않았던 호리 선생에게도 책임은 있었다. 어른들도 모두 편견에 사로잡혀 아이들을 괴물로 만들었던 것이다.

편견을 앞세운 괴물 만들기의 위험성

영화의 구성이 매우 독특하다. 학교 폭력을 둘러싼 하나의 상황을 놓고 세 사람의 서로 다른 시선을 비교하면서 풀어나간다. 이런 각본은 일본에서 최고의 드라마 작가로 불리는 사카모토 유지가 맡았다. 지난 3월 제76회 칸 영화제에서 각본상을 수상했을 만큼 구성이 탄탄하고 정교하다.

관객들은 3인의 시선을 통한 퍼즐 맞추기를 통해서 전체적인 진실에 비로소 다가가게 된다. 동일한 상황이 각자의 시선에 따라 얼마나 다르게 해석되고 단정되는가를 알게 되면서 관객들은 전율하게 된다. 사카모도 유지는 이렇게 설명한다. "사람들은 자기가 피해를 본 건 잘 기억하지만 남에게 피해를 준 일은 알아채기 힘들지 않나. 이걸 어떻게 각본화

할지 계속 고민했다. 고심 끝에 선택한 방법이 바로 시점을 세 부분으로 나눈 구성이었다." (〈씨네 21〉 인터뷰)

"사실 진실은 이야기 바깥에 있을지도 모른다. 이야기 안에서 묘사하는 악인이 프레임 바깥에서는 좋은 사람이고, 선인이라 생각한 사람은 나쁜 사람일지도 모르지 않나"라고 사카모토 유지는 반문한다. 하나의 시선만으로 선과 악을 일방적으로 규정하고 단죄하는 일이 얼마나 위험천만한 가를 우리는 깨닫게 된다.

세 번째 시선까지 끝나고 나면 등장 인물 가운데 '괴물'은 없었음을 알게 된다. 각자의 눈에는 상대가 악한 얼굴을 가진 괴물로 보였지만, 모두 저마다의 선한 의지를 갖고 있던 인물들이다. 서로가 상대의 입장을 고려하지 않고 섣부르게 타인을 괴물로 단죄했던 것이다. 각자의 시선은 부분적인 진실만을 담고 있었다. 학교에서 벌어진 일련의 상황에 대한 온전한 이해를 위해서는 여러 시선이 하나로 통합되어야 했다. 그러나 서로 단절되고 소통이 사라진 시대에 다른 사람의 입장까지 헤아리는 사람은 없다.

고레에다 감독의 탁월함은 이토록 냉정하고 비정한 세상의 얘기를 풀어가면서도 그 특유의 따뜻한 시선을 잃지 않는다는 점에 있다. 그에게 괴물은 누구였을까. 고레에다 감독은 이렇게 말한다. "3장을 다 보고 나면 상황을 제대로 알게 된다. 그때 관객 중에는 '알고 보니 괴물은 나였구나' 생각하는 사람이 적지 않을 거다. 괴물 찾기를 하는 화살을 여기저기 돌리다 결국엔 그 화살이 내게 돌아오는 구조라는 점이 이 이야기의 뛰어난 점"이라고 말한다. 괴물은 다른 사람이 아니라 기어코 누가 괴물인가를 찾으려 매달리곤 했던 바로 '나'였던 것이다. 고레에다 감독이 던져주는 메시지는 그래서 섬뜩하다. 조용한 힘으로 관객들로 하여금 성찰의 시간을 갖도록 하는 영화이다.

영화의 마지막에 산사태가 덮친 열차에서 빠져나온 미나토와 요리가 말을 주고받는다. "우린 다시 태어난 걸까?" "아니. 원래 그대로야." "좋아, 다행이야." 고레에다 감독은 이 말의 의미를 풀어주지 않은 채 영화를 끝낸다. 압축된 대사에 대한 해석은 관객의 몫이다. 두 아이는 다시 태어나기를 원했던 것이 아닐까. 두 아이에게는 다시 태어나고 싶은 마음, 지금 이대로이기를 바라는 마음이 뒤섞여있던 것이 아닐까. 어쨌든 원래 그대로여서 다행이라는 아이들의 얘기가 다행으로 들린다. 미나토와 요리는 푸른 숲길을 거쳐 밝은 희망을 향해 함께 달려간다. 그렇게 밝은 아이들을 보노라면 그들을 이상한 아이로 생각했던 내가 괴물이라는 자책감이 든다. 모두에게는 저마다의 진실이 있는 것인데, 우리는 자신의 편견에 따라 함부로 타인을 규정하고 상처를 주지 않아왔던가. 그러니 영화 〈괴물〉은 일본의 어느 교실에 머무르지 않는, 오늘 우리 시대의 얘기이다.

두 소년 배우 구로카와 소야와 히이라기 히나타의 연기가 출중하다. 엄마 사오리를 연기한 안도 사쿠라, 교장 선생 역의 다나카 유코의 연기도 두 인물의 캐릭터를 훌륭하게 살려낸다. 영화가 끝나는 장면에 지난 3월 세상을 떠난 류이치 사카모토의 '아쿠아Aqua'가 흐른다. 여러가지 감정이 뒤섞여 있던 관객들에게 음악은 맑고 따뜻하게도, 쓸쓸하게도, 슬프게도 들린다. 음악이 끝날 때까지 자리에서 일어나지 못하게 된다. 음악으로 영화를 기억하는 경우가 있다면 이 작품이 그것일 게다. 〈류이치 사카모토: 오퍼스〉가 지난해 12월 국내에서 개봉됐다. 암투병을 하던 류이치 사카모도의 마지막 연주 장면들이 아무런 인터뷰나 내레이션도 없이 이어졌다. 그 자체가 또 하나의 감동이었다. 영화 〈괴물〉의 여운은 그렇게 계속 이어졌다.

오펜하이머의 방황, 실패로 끝난 '악마와의 거래'

크리스토퍼 놀란 감독의 영화 〈오펜하이머〉

"나는 이제 죽음이요, 세상의 파괴자가 되었다."

1945년 7월 16일 미국 앨라모고도 사막의 기지에서 행해진 세계 최초의 원자폭탄 실험이 성공했다. 폭발과 함께 거대한 버섯구름이 하늘로 떠오르자 '트리니티Trinity'에 참여했던 사람들은 기뻐하며 환성을 질렀다. 실험을 이끌었던 과학자 로버트 오펜하이머 또한 성공에 들뜬 얼굴로 기뻐하고 있었다.

하지만 영화 속의 오펜하이머는 이내 힌두교 경전 '바가바드 기타'의 구절을 떠올린다. 인류의 역사를 바꾼 그 순간, 킬리언 머피는 기쁨과 불안, 환희와 두려움이 교차하는 오펜하이머의 복잡한 내면을 생생하게 연기한다. 세상을 구하기 위해 세상을 파괴할지도 모르는 위험한 선택을 했던 천재 과학자를 엄습한 의식의 분열이다.

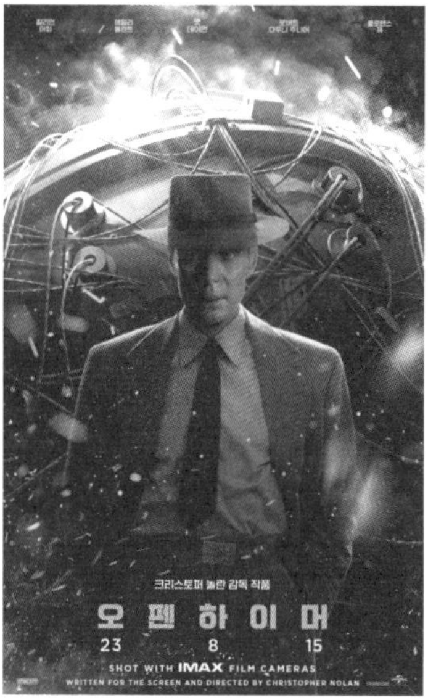

©유니버설 픽쳐스

크리스토퍼 놀란 감독의 놀라운 절제력

그러나 영화는 핵폭발 실험이 성공해도 흥분하지 않는다. 영화의 하이라이트격인 폭발 장면에서 크리스토퍼 놀란 감독은 냉정한 절제력을 보인다. 놀란은 컴퓨터 그래픽을 사용하지 않고 재래식 폭약을 폭발시켜 트리니티 실험을 재현하는데 성공했다.

그런데 막상 핵이 폭발하는 장면은 열광적이지 않고 건조하며 소리조차 들리지 않는다. 엄청난 폭발의 굉음은 몇 초의 시차를 두고서야 관객들에게 전해진다. 세상을 뒤흔들 듯 요동쳐야 할 순간에 나타난 무음의 시간은 관객들로 하여금 아직 터져나오지 않은 앞날에 대한 불안을 예고한다. 핵무기의 등장이 인류에게 어떤 의미인가도 시간이 지나서야 실체를 드러냈던 것과 같다.

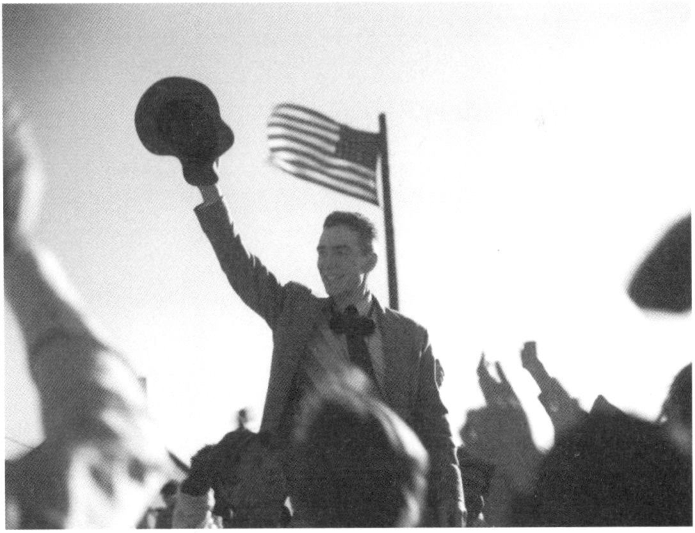

놀란 감독은 핵폭발이라는 역사적 사건을 표현하는데 몰입하면서도 정작 심리적 거리를 두는 제3자적 태도를 유지한다. 그는 다양한 기법을 사용하여 핵폭발 실험 성공의 의미를 객관화한다. 트리니티 실험 성공 연설을 듣던 청중들의 환호와 발 구르는 소리는 오펜하이머의 고통으로 반전된다. 박수갈채는 폭발음이 되어 들리고 원폭의 섬광은 청중들의 살갗을 찢어내며, 거리에서는 방사능을 맞아 주저앉고 구토하는 사람들의 환청과 환각에 오펜하이머는 고통스러워한다.

'악마와의 거래'에서 실패한 과학자의 이야기

성공과 함께 고통이 시작된다면 우리는 그것을 과연 성공이라 표현할 수 있을까. 그래서 영화 '오펜하이머'는 '악마와의 거래'에서 결국은 실패한 과학자의 얘기이다. 물리학자 프리먼 다이슨의 말처럼, 오펜하이머가 학살 무기를 만드는 일에 참여하기로 결정한 것은 '파우스트의 거래 같은 것'이었다.

파우스트와 마찬가지로 오펜하이머 역시 거래의 조건을 재협상하려고 시도했지만, 바로 그런 행동 때문에 박해받고

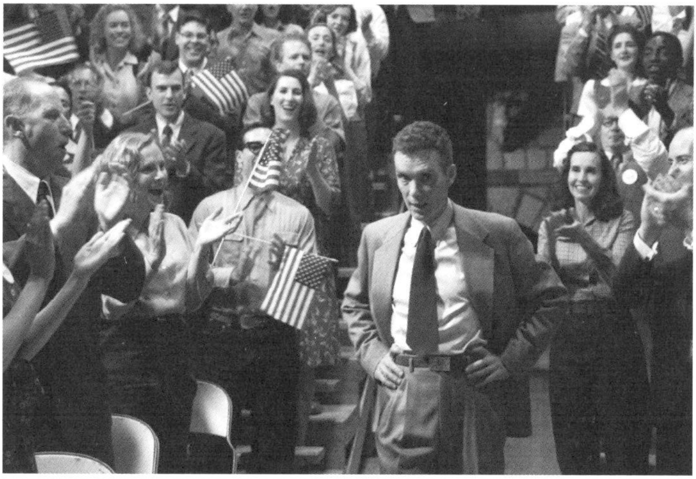

배제되는 처지가 되고 만다. 오펜하이머가 맺었던 계약에는 애당초 '군축' 같은 것은 존재하지 않았다. 워싱턴의 권력자들에게는 "각하, 제 손에 피가 묻은 것 같습니다"라며 겁에 질려 징징대는 오펜하이머는 트루먼이 표현한대로 "울보 과학자"일 뿐이었다.

영화에서는 나오지 않지만, 오펜하이머는 일본에 대한 원폭 투하 이전에 이미 권력자들에게 속았다. 그는 일본에서의 전황을 전혀 알지 못했다. 워싱턴의 군사정보 부대가, 일본 정부는 전쟁이 패배로 끝났다는 것을 알고 있고 항복 준비를 하고 있다는 메시지를 도청하고 해독했다는 사실을 몰랐던 것이다. 트루먼도 이미 일본이 항복하기 일보직전이라고 판단하고 있었다. 그럼에도 트루먼은 소련이 개입하기 전에 무조건 항복을 받아내기 위해 원자폭탄이라는 신무기를 사용하기로 한 것이다.

『아메리칸 프로메테우스』의 저자 카이 버드와 마틴 셔윈은 만약 오펜하이머가 원자폭탄의 사용이 필수적인 것이 아니었음을 알았다면 어떻게 반응했을지 아무도 확신할 수 없다고 말한다. 이미 패배한 일본에게 그대로 원폭을 투하한 상황은 전쟁이 끝난 후 오펜하이머로 하여금 자신이 속았다고 믿게 만들었다. 어쩌면 오펜하이머가 군축을 위한 여론 활동을 그토록 강력하게 했던 것도 자신이 속아넘어간 것에 대한 반작용이었을지 모른다.

매카시즘의 희생자가 된 오펜하이머

핵무기의 존재가 전 세계에 위협이 될 것이며, 핵무기에 대한 의존을 최소화해야 한다고 믿은 오펜하이머는 전쟁이 끝나자 군축 요구에 적극 나선다. 정반대로 미국의 핵능력을 키워야 한다고 믿은 세력에게 오펜하이머는 눈엣가시가 될 수밖에 없었다. 오펜하이머는 미국 원자력 에너지 위원회

보안 청문회에 회부돼 원자력 비밀 취급 인가를 취소당한다. '원자 폭탄의 아버지'가 '군축의 아버지'가 되려던 행보는 제동이 걸리고 오펜하이머는 매카시즘의 희생자가 되어 정부 자문위원회로부터 축출당한다.

오펜하이머를 내모는 청문회 장면은 영화 후반부의 압권이다. 컬러와 흑백 화면을 번갈아 오가는 기법은 청문회 장면의 긴박감을 갈수록 고조시켜 나간다. 놀란 감독은 컬러 장면에서는 오펜하이머가 바라보는 시선을, 흑백에서는 오펜하이머의 건너편에서 바라보는 시선을 담았다. 두 가지 화면에서 오펜하이머의 입장에 갇히지 않고 객관적 시선을 보여주려는 놀란의 의도를 읽을 수 있다.

히로시마와 나가사키 원폭 투하가 중심적 사건임에도 그 장면을 한 컷도 담지 않은 놀란 감독의 참을성도 대단하다. 원폭 실험이 성공했으니 그다음에 예상되는 영화의 장면은 원자폭탄을 실은 비행기의 출격, 혹은 폭탄이 떨어진 히로시마의 참상 같은 것들이었다. 하지만 영화에는 일본이나 일본인의 모습은 전혀 등장하지 않는다. 놀란 감독의 이런 연출은 '오펜하이머'가 사람들이 기대하는 전쟁영화가 아님을 분명히 해주고 있다.

놀란이 보여주고 싶었던 것은 핵무기 시대를 열었으면서도 결국 실패해야 했던 오펜하이머가 겪은 내면의 복잡한

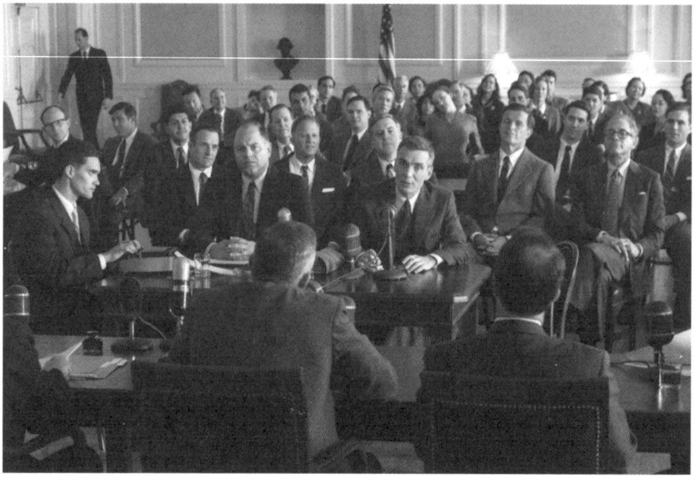

갈등이었다. 감독은 자신이 관객들에게 전하고 싶은 것에 초점을 맞추기 위해, 관객들을 자신이 원하는 지점에 몰입시킨 뒤 이끌고 가는 능력을 유감없이 발휘한다. 예측가능하고 상투적인 장면들을 제외함으로써 놀란은 자신이 생각하던 메시지의 전달력을 극대화할 수 있었다.

영화에서 빠뜨릴 수 없는 것은 30대 후반의 루드비히 고란손이 만든 음악이다. '오펜하이머'로 제91회 아카데미 음악상을 수상한 고란손은 놀란 감독이 자신에게 바이올린을 중심으로 곡을 써달라고 요청했음을 인터뷰에서 밝혔다. 바이올린은 표현력이 풍부한 악기라 아름다움에서 공포로 순식간에 바뀔 수 있다는 것이 놀란의 생각이었다.

놀란의 예상은 정확했고, 고란손은 놀란이 원하던 것을 120% 담아냈다. 고란손은 현악기 소리 위에다가 신디사이저 소리를 입히고 다듬어 나갔다. 현악기의 선율은 아름다웠다가 혼란스러웠다가 긴장감을 고조시켰다가 하면서 인물들의 내면적 분열을 표현한다. 그래서 오펜하이머의 배경 음악은 인물들이 겪는 감정적 딜레마를 관객들도 함께 느낄 수 있도록 해준다. 고란손의 음악은 "오펜하이머라는 인물의 지성과 감정을 잘 표현해냈다"고 놀란은 만족했다. 놀란은 비주얼로 인물들의 깊은 내면을 표현해냈고, 고란손은 음악으로 이를 표현해낸 것이다.

오펜하이머에게 최선의 선택은 무엇이었을까

180분의 상영 시간이 너무 길다는 반응들도 있다. 인류의 역사를 바꿔놓은 사건의 전개를 따라가면서 오펜하이머의 내면적 갈등을 표현하는 대서사에는 사실 그 시간도 부족해 보인다. 놀란은 사실은 대단히 빠른 속도로 마치 구스타프 말러의 교향곡과도 같은 대서사를 180분에 담아내고 있는 것이다. 원작을 읽으면 막상 영화 가운데 들어낼 부분이 없음에 공감하게 된다. 영화는 카이 버드와 마틴 셔윈이 쓴 『아메리칸 프로메테우스』를 원작으로 만들어졌다. 두 저자는 25년 동안의 답사와 인터뷰, FBI 문서 열람 등을 거쳐 이 책을 썼다. 최근 국내에 나온 '특별판'도 1056페이지에 달하는 '벽돌책'이지만 영화 이상으로 흥미진진하게 읽힌다. 허구가 아닌 자료에 기초해서 쓴 책이니 당시의 상황들, 특히 오펜하이머의 생각과 행동을 이해하는데 큰 도움을 준다. 영화를 보고서 뭔가 더 알고 싶다는 생각이 드는 분들에게 권하고 싶다.

영화 마지막에 오펜하이머는 아인슈타인과 얘기를 나눈다. "알버트, 파멸의 연쇄 반응이 이미 시작된 것 같아요." 자신이 낸 길이 결국 '파멸의 연쇄 반응'이었다면 오펜하이머에게 최선의 선택은 무엇이었을까. 만약 그가 핵폭탄 개발에 참여하지 않고 히틀러가 먼저 핵무기를 갖게 되었다면 인류에게는 어떤 재앙이 닥쳤을지 상상할 수 없다.

오펜하이머가 먼저 핵무기를 만든 일은 최악의 상황을 막은 일임에 분명하다. 그러나 최악을 막기 위한 것이라면 다른 재앙들은 정당화될 수 있는 것일까. 어차피 누군가는 핵무기를 만들 것이 시간문제였으니, 오펜하이머에게는 손에 피를 묻히는 것 이외의 다른 선택이 없었던 것일까. 영화는 여전히 여러 질문들을 남겨놓고 있다.

괴테의 『파우스트』에 나오는 말이다. "인간은 지향志向이 있는 한 방황하느니라." 오펜하이머의 방황은 피할 수 없는 것이었는지 모른다. 파우스트의 방황은 천상의 구원을 받았지만, 오펜하이머의 방황은 버림받은 채 그렇게 끝나고 말았다. 더욱이 우리는 핵전쟁 위협에 처한 당사자이기에 그의 방황과 실패의 서사가 남의 일만은 아니게 되었다.

오케스트라 권력 타르,
선도 악도 아닌 인간의 추락

케이트 블란쳇 주연의 영화 〈타르〉

이탈리아가 낳은 세계적 지휘자 클라우디오 아바도는 생전에 단원들을 존중하는 민주적 리더십으로 정평이 났다. “지휘자는 명령하는 사람도 독재자도 아니다. 지휘자는 코디네이터다”라던 아바도의 말은 반권위주의 철학을 가졌던 지휘자의 생각을 드러낸다. 반면 노년의 거장 리카르도 무티는 “지휘자는 독재자로 보일만큼 확고한 주관을 갖고 있어야 한다”는 소신을 말한다. “지휘자는 작곡가의 수석대표로서 독점적인 권위를 가져야 한다”는 무티는 오케스트라 전체에 대한 강력한 통제권을 요구하곤 한다.

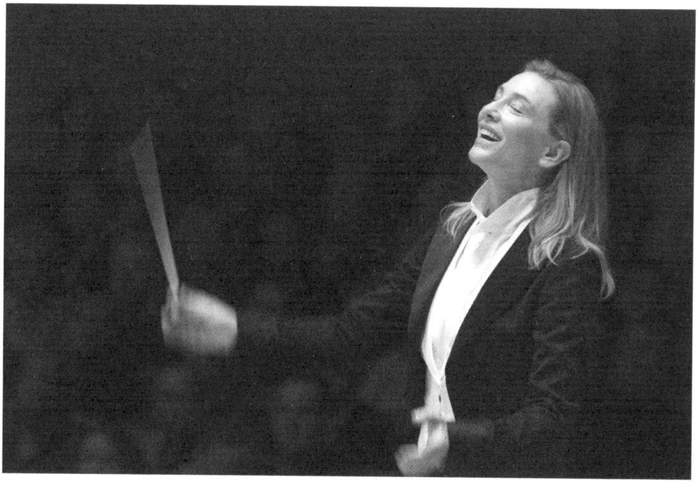
©유니버설 픽쳐스

독재자형 지휘자 타르가 주는 당혹감

영화 〈타르〉에 나오는 가상의 인물 리디아 타르(케이트 블란쳇)는 무티를 능가하는 독재자형 지휘자이다. 베를린 필하모닉 오케스트라 최초의 여성 수석 지휘자로 나오는 그녀는 '마에스트라'가 아니라 '마에스트로'로 불릴 정도로 가부장적 남성성을 가진 인물로 표현되는 동성애자다. 지휘자로서 최고의 전성기를 구가하던 타르는 타인들의 의견은 무시하고 자기 생각을 밀어붙이는 독단적 성격의 인물이다.

갑자기 부지휘자를 교체하기로 마음먹고 신중론을 펴는

의견들을 묵살하며 새로운 부지휘자를 공모한다. 정식 단원도 아니지만 자신이 편애하는 젊은 여성 첼리스트 올가에게 기회를 주기 위해 굳이 오디션까지 하면서 솔리스트로 발탁한다. 단원들은 타르의 독선에 반감을 가지면서도 그녀의 카리스마 앞에서 반발은 하지 못하고 불만은 쌓여간다.

그러나 아바도의 이런 말이 있다. "내가 모든 오케스트라 단원들을 존중하면 그 존중은 다시 내게 돌아온다. 바로 이것이 가장 중요하다." 타르는 아바도의 말과는 정반대의 경우였다. 단원들을 무시했던 태도, 부지휘자 자리를 원했던 비서 프란체스카의 기대에 찬물을 끼얹은 일, 타르에 대한 사람들의 반감은 쌓이고 쌓여 그녀를 하루아침에 몰락의 내리막길로 들어서게 만든다. 크리스타의 자살 소식이 있은 이후 타르에게 불만을 갖고 있던 사람들이 입을 열기 시작하고, 타르는 권력의 지위를 이용하여 젊은 여성들을 상대

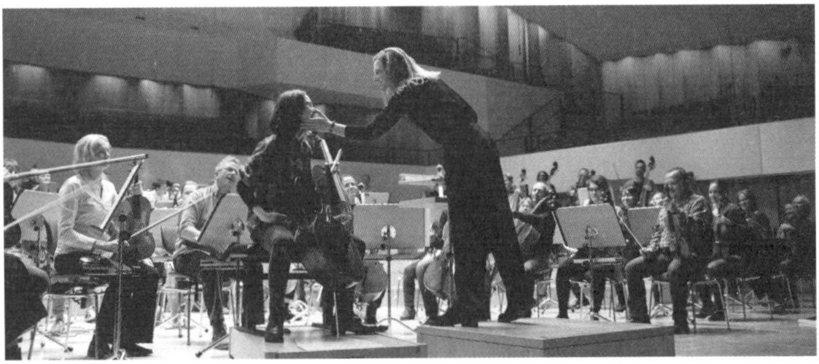

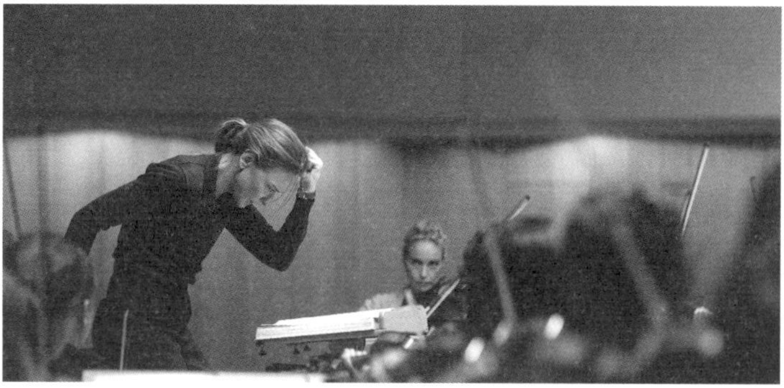

로 성착취를 일삼은 악녀로 내몰린다.

예술가의 성취와 삶을 분리해서 평가해야 하는가

〈타르〉를 보고 난 사람들이 저마다 주는 평점에 상관없이 공통적으로 하는 말은 케이트 블란쳇의 압도적 연기. 물론 작품마다 다양한 캐릭터들을 소화해내는 블란쳇의 탁월한 연기력에 대한 찬사는 새삼스러운 것이다. 〈타르〉에서도 블란쳇은 음악에 몰입하는 최고의 지휘자, 권위적이며 부도덕한 오케스트라 권력, 낭떠러지로 외롭게 추락하는 연약한 인간의 모습을 자유자재로 표현해낸다.

그렇다고 해서 〈타르〉를 보고나서 블란쳇의 연기 얘기만

하는 것은 영화가 담고 있는 여러 핵심들을 놓치는 일이다. 영화가 담고 있는 질문들은 단순하지 않고 철학적이다. 영화 앞 부분에 나오는 줄리어드 강의실에서의 타르와 학생 맥스의 설전은 이 영화의 핵심적 질문을 담고 있다. "여성혐오적 삶을 살았던 바흐의 음악을 인정할 수 없다"는 맥스를 향해 타르는 예술은 예술로 받아들이라고 반박한다. 예술적 성취는 예술가 개인의 삶과는 분리해서 평가되어야 하는 것인가.

예를 들자면 리하르트 바그너의 경우가 그러했다. 그는 욕망을 이루기 위해 권력자에게 머리를 조아렸고 돈에 탐닉했으며, 많은 여성들과 염문을 뿌렸다. 유대인을 혐오하여 히틀러의 추앙을 받기도 했던 것이 바그너의 삶이었다. 그 시대의 사람들은 그런 바그너를 가리켜 '처세의 달인', '뻔뻔한 욕망의 인간'이라고 손가락질하기도 했다. 그럼에도 음악을 좋아하는 대중들은 그런 '몹쓸 인간' 바그너를 '천재 음악가'라고 칭송하며 '발퀴레', '탄호이저' '트리스탄과 이졸데'를 비롯한 수많은 작품들을 사랑해왔다. 예술가의 부도덕한, 때로는 지탄받았던 삶이 그의 예술적 성취를 무無로 돌리지 못함은 논쟁의 문제가 아닌 역사 속의 현실이었다. 타르가 맥스의 바흐 얘기를 그토록 집요하게 반박한 것도, 장차 자신에게도 날아올 도덕적 비난들을 예감했기 때문일지 모르겠다.

여성 지휘자의 부패한 모습에 대한 시선

영화를 본 여성들 가운데는 어쩐지 불편해하는 사람들도 적지 않다. 권력의 자리에 올라 온갖 횡포와 거래를 통해 부패해가는 모습은 우리가 흔하게 보아왔던 남성 권력자들의 모습이 아니었던가. 하필이면 베를린 필 최초의 여성 지휘자를 그렇게 타락한 권력으로 설정했는가에 대한 거북한 마음이 생겨날 수 있다.

블란쳇이 페미니스트였음을 아는 사람들에게는 배신감이 더 클 수도 있다. 여성 관객들 사이에서 '반여성적 영화'라는 얘기도 나오는 이유이다. 하지만 토드 필드 감독은 이에 대해 분명하게 말한다. "권력은 어떤 방식으로든 부패한다. 어느 누구도 이 명제에서 벗어날 수 없다. 그건 여성인 리디아에게도 적용된다."(《씨네21》 2023. 3. 2.) 토드 필드 감독은 남성권력이냐 여성권력이냐를 가리지 않고 일반적인 권력의 모습을 영화에 담으려 했던 것이다. 여성권력은 착한 권력일 것이라는 기대는 리얼리티와 거리가 있음은, 가깝게는 우리 정치사만 보더라도 쉽게 확인할 수 있는 일이다.

〈타르〉에 대한 깊이있는 이해는 이분법적 도식에 갇히지 않을 때 비로소 가능해진다. 타르를 악으로만, 혹은 강자로만 해석하는 것은 일면적이다. 그녀는 오케스트라 권력이 되어 단원들의 반감을 사는 많은 행동들을 했지만, 그렇다고 몰락의 이유가 된 '성착취' 같은 범죄행위까지 했는지는 분명하지 않다. 평소 타르에게 반감을 가졌던 주변의 사람들이 기회를 놓치지 않고 그를 모함하며 악녀로 만들었던 흔적들이 영화에 나타난다.

선할 수도 악할 수도 있는 '인간'

세상 속 대개의 인물들이 그러하듯이, 타르 또한 선과 악, 강자와 약자 사이의 어디쯤엔가 서서 흔들리는 한 인간이었다. 유럽에서는 더 이상 활동할 수 없게 된 타르가 동남아시아의 작은 게임 오케스트라를 지휘하는 결말도 행복과 불행 가운데 어느 하나로 단정하는 것은 무모하다. 몰락한 권력자의 초라한 타향살이일 수도 있고, 음악적 열정을 지키는 새로운 출발일 수도 있다. 이분법에 갇히지 않고 타르를 한 인간의 모습 자체로 이해하는 것이 〈타르〉에 대한 최선의 감상법이 아닐까.

"영화는 그가 좋은 사람이라거나 나쁜 사람이라고 앞서 한정짓지 않고 그가 선할 수도, 나쁠 수도, 행복할 수도, 슬플 수도 있다고 생각한다. 이건 우리 모두의 현실이기도 하

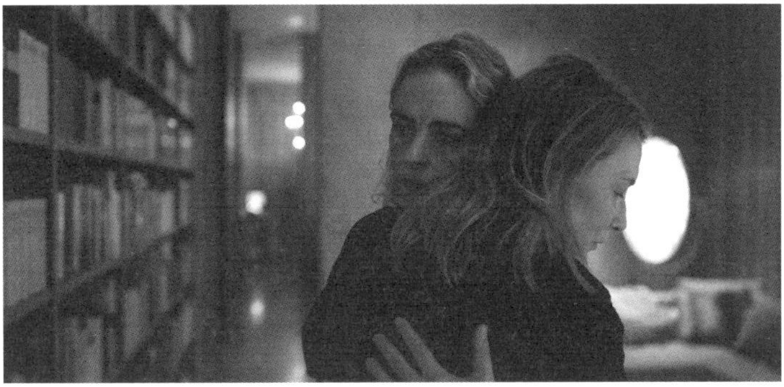

다. 그게 바로 인간이니까." (토드 필드 감독)

부패한 권력의 몰락이라는 어두운 스토리라인과는 상관없이 말러 교향곡 5번과 엘가 첼로협주곡의 선율이 영화 내내 귀에 들어온다. 세상이 아무리 추해져도 음악은 변함없이 언제나 아름답다.

‘영웅 나폴레옹’을 비루하게 비틀어버린 발칙한 영화

리들리 스콧 감독의 영화 〈나폴레옹〉

“이 얼마나 소설 같은 삶이란 말인가.” 나폴레옹이 했던 말이다. 막스 갈로의 장편소설 『나폴레옹』에는 이런 말도 나온다. “나의 생에서 사람들은 물론 잘못들을 끄집어낼 것이다. 하지만 아르콜레, 리볼리, 피라미드 전장, 마렝고, 아우스터리츠, 예나, 프리트란트에서의 일들은 화강암과도 같다. 질투의 이빨로도 그것들을 어쩌지는 못할 것이다.”

막스 갈로는 그런 나폴레옹을 ‘불멸의 인간’이라고 표현했다. “그는 열정과 사랑의 인간이었다. 권력의 최고 자리에 있으면서 자신의 내면에 열정과 사랑의 불꽃을 지키는 것은 결코 쉬운 일이 아니다.”

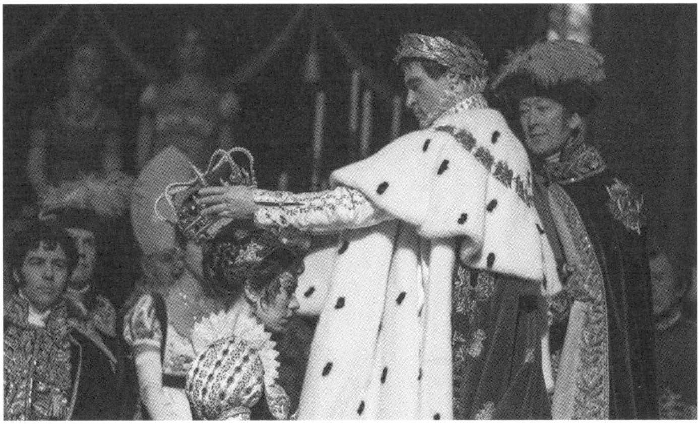
©소니픽쳐스

영웅과는 거리가 먼 나폴레옹의 비루한 모습

그런데 최근 개봉된 리들리 스콧 감독의 영화 〈나폴레옹〉에서는 그와는 거리가 먼, 여인 앞에서 유약하기만 했던 나폴레옹이 나온다. 영화는 마리 앙투아네트가 단두대에 끌려올라가 처형당하고 이를 장교 나폴레옹(호아킨 피닉스)이 지켜보는 장면으로 시작한다. 실제로는 나폴레옹은 그 광경을 지켜본 일이 없다. 프랑스 대혁명기의 혼돈 속에서 나폴레옹이 영웅으로 떠오르고 몰락했던 과정을 압축한 영화는 세인트헬레나에서 그가 생을 마치는 것으로 끝난다. 나폴레옹의 일대기를 160분의 시간으로 압축하는 데는 한계가 있었다. '인간 나폴레옹'을 다룬 영화라는 소개였지만, 파란만장한 삶을 살았던 나폴레옹의 일생을 담기에는 역부족이었다.

대신 영화는 오직 황후 조제핀(바네사 커비)과 나폴레옹의 관계에 초점을 맞춰서 스토리를 전개해나간다. 나폴레옹이 아니라 조제핀이 중심인물이라 해도 지나치지 않을 정도로 나폴레옹에게서 일어나는 모든 사건들은 조제핀으로 인해 일어난다. 아예 조제핀은 나폴레옹에게 이렇게 말한다. "당신은 나나 당신 엄마 없이는 아무것도 아니야."

황후 조제핀 없으면 아무것도 아닌 나폴레옹

실제로 영화 속 나폴레옹은 조제핀이 없으면 아무것도 아닌 존재에 불과하다. 한눈에 반한 조제핀과 결혼을 하고 이집트 원정 전쟁을 갔다가도 그녀의 불륜 소식을 듣고는 전쟁을 팽개치고 집으로 돌아가는 황당한 장군으로 나온다. 실제 역사에서는 나폴레옹이 이집트에서 영국군에게 밀려 수많은 사상자를 내고 사기가 저하된 나머지 전쟁을 포기하고 프랑스로 귀국했다.

당시 지휘권을 넘겨받은 클레베르는 장교들 앞에서 나폴레옹을 이렇게 비난했다. "나폴레옹은 바지에 똥만 잔뜩 싸

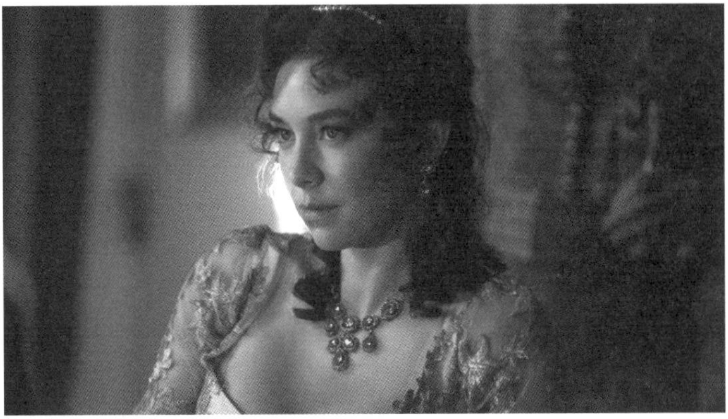

놓은 채 우리를 떠났다. 우리는 유럽으로 돌아가 나폴레옹의 얼굴에 그 똥을 문질러줄 것이다." 나폴레옹은 쥐노의 입을 통해 조제핀의 불륜 사실을 알기는 했지만, 영화에서처럼 그 일 때문에 집으로 돌아간 것은 아니었다. 그것뿐만 아니다. 나폴레옹은 조제핀의 불륜 사실을 알고서도 그녀에게서 빠져나오지 못하는 남자, 조제핀의 불임으로 후계자 문제 때문에 이혼하지만 계속 그녀를 사랑하는 남자. 영화 속에 나오는 나폴레옹은 조제핀 없이는 살아갈 수 없는 남자로 나온다.

그래서 영웅 나폴레옹의 모습을 담은 웅장한 대서사를 기대했던 관객이라면 실망할 가능성이 크다. 거장 감독 리들리 스콧과 〈조커〉의 호아킨 피닉스가 함께 한 영화 아닌가.

영웅 나폴레옹의 인간적 면모는 어떤 것일까에 대한 관객들의 기대가 컸다. 그러나 나폴레옹이라는 영웅의 모습은 간데 없었고, 여인에 대한 사랑에만 갇혀 그녀의 품 안에서 놀아나는 우스꽝스러운 황제의 모습만 남았다. 나폴레옹이 권력을 장악했던 1799년 브뤼메르 쿠데타의 장면까지도 참으로 우연하고 즉흥적인 사건으로 그려진다. 나폴레옹은 의사당에서 쫓겨나오다가 병사들 덕분에 얼떨결에 권력을 쥐게 된 운 좋은 장교일 뿐이었다.

우리가 알던 나폴레옹과는 너무 거리가 멀다. 프랑스 대혁명 후 피가 피를 부르는 사회적 혼란 속에서 프랑스의 영웅으로 등장하여 19세기 유럽 영토의 절반을 정복하고 황제 자리까지 올랐던 인물이 나폴레옹 보나파르트다. 그는 근대식 교육제도를 마련하고 프랑스 중앙은행을 창설하는 등 현대 프랑스 국정운영의 기틀을 마련했다는 평가를 받는다.

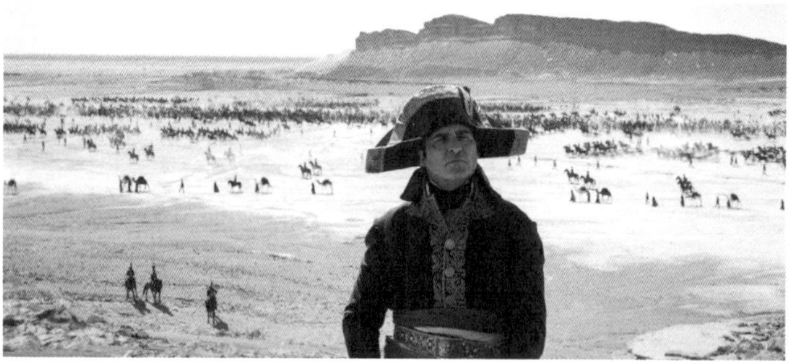

물론 제국주의를 옹호한 전쟁광이며 무리한 전쟁을 일으켜 프랑스군 300만명을 전사하게 했다는 비판, 폐지됐던 식민지 노예제도를 부활시켰다는 비판도 따른다. 그래서 나폴레옹에 대한 역사적 평가는 오늘날 프랑스 좌우파 정치인들 간의 논쟁거리가 되기도 한다.

나폴레옹과 조제핀의 러브 라인은 실제였나

역사적 평가가 엇갈리는 인물에 대해 영화는 감독의 예술적 상상력에 따라 어느 한 측면을 부각시킬 수 있다. 그러나 역사적 사실을 비틀면서까지 한 시대의 영웅을 비루하기 이를 데 없는 존재로만 격하시킨다면 그것은 또 다른 문제이다. 영화를 통해 역사를 설명하고 이해하는 일이 위험한 이유이다. 죠제핀에 대한 나폴레옹의 사랑이 각별했던 것은 사실이지만, 그렇다고 영화에서처럼 나폴레옹이 죠제핀의 손바닥 위에 있었던 것은 아니다.

물론 리들리 스콧은 기존의 통념이 아닌 자기 해석대로 인물을 표현하는 감독이다. 이 영화에서도 감독은 나폴레옹을 영웅이 아닌 평범하고 나약한 한 인간으로 그리려 했다. 애당초 리들리 스콧이 담으려 했던 것이 '영웅 나폴레옹'

도 '역사 속 인간'도 아니었던 것이다. 그러다 보니 프랑스에서는 자신들의 영웅을 비루한 존재로 그린 이 영화를 가리켜 '역사를 왜곡한 반프랑스적 영화'라는 비판이 나온다.

영화를 관통하는 나폴레옹과 죠제핀의 러브 라인은 실제였을까. 절반은 사실에 근접하고 절반은 과장되거나 만들어진 내용의 것이다. 예를 들어 나폴레옹이 조제핀에게 많이 의지했던 인물이었음은 어느 정도 근거가 있는 것으로 보인다. 프랭크 매클린은 전기 『나폴레옹』에서 나폴레옹이 모성의 감정과 훈련이 필요한 남자였다고 평한다. "나는 여자와 함께 있을 때면 수줍어했다. 보나파르트 부인(조제핀)이 내게 자신감을 심어준 첫 번째 여자였다."였다는 나폴레옹의 말에는 성적 자신감의 부족을 의식했던 나폴레옹의 상태가 드러난다는 해석이다. 그렇게 보면 나폴레옹의 삶이 조제핀에게 휘둘렸던 영화의 내용이 전혀 터무니없는 것은 아니다.

조제핀과 이혼한 나폴레옹은 오스트리아 공주 마리 루이즈와 두번째 결혼을 한다. 그러나 나폴레옹은 그 결혼을 후회하고 자신의 사랑은 조제핀에게 있었음을 말했다. "나는 마리 루이즈를 진심으로 사랑했지만 조제핀을 더 사랑했다. 그녀는 진정한 아내. 내가 선택한 아내였다. 그녀는 우아함으로 가득했다. 내게 아들을 하나 낳아 주었다면 결코 그녀를 떠날 수 없었을 것이다." 이런 기록을 보면 영화에서 나폴레옹이 이혼한 뒤로도 조제핀을 사랑하며 친구 관계를 유지하는 것은 어느 정도 사실에 바탕한 것이라 할 수 있다. 하지만 리들리 스콧의 시선처럼 나폴레옹에게 벌어진 모든 일들이 조제핀과의 관계 속에서 풀어지는 것은 지나치게 극단적인 설정이다.

영웅이란 무엇인가, 영웅을 실제 모습대로 안다는 것

특기할 사실은 나폴레옹이 여성혐오의 사고를 갖고 있었다는 점이다. 프랑스 대혁명 이후 수년에 걸쳐 페미니즘과 여성의 권리는 발전했다. 그러나 나폴레옹 법전은 여성들의 권리를 심각하게 제약하는 내용들을 담고 있었다. 나폴레옹은 이렇게 말했다. "오늘날 여성에게는 근신이 필요하다. 여성은 가고 싶은 곳에 가고 하고 싶은 것을 한다. 여성에게 주도권을 주는 것은 프랑스답지 않다. 여성은 이미 너무 많이 가졌다."

그리고 영화에서는 불륜이 죠제핀의 것으로만 나온다. 실제로 죠제핀은 문란한 사생활과 사치 때문에 나폴레옹의 경계를 받았다. 그러나 나폴레옹 또한 특히 1802년부터

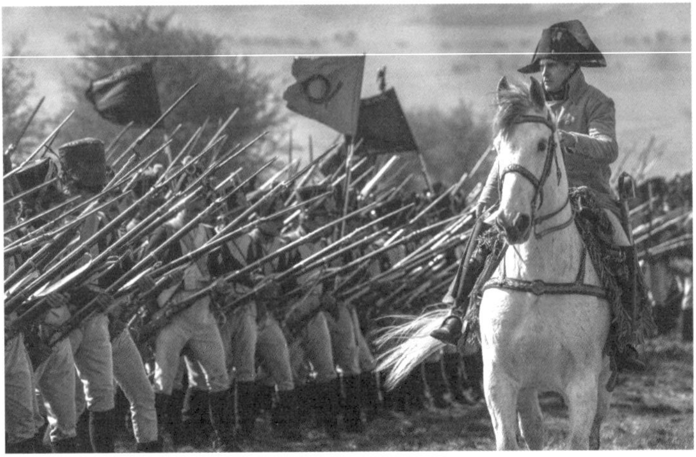

1804년 사이에 여러 여인들과 정사를 벌이며 병적일 정도로 성적인 탐닉을 했음이 알려져 있다. 영화에서처럼 나폴레옹이 죠제핀을 향해 순애보 같은 사랑을 했던 것은 아니다.

아우스터리츠 전투뿐 아니라 마지막 패배를 겪은 워털루 전투까지 웅장한 전투 장면들이 이어진다. 그러나 전투를 지휘하는 나폴레옹은 영웅답지 않게 긴장하고 쩔쩔맨다. 나폴레옹에게 '역사상 가장 위대한 지휘관'이라는 찬사와 그것이 과장된 평가라는 반론이 엇갈림을 감안하면 이 또한 한쪽의 시선으로 바라본 나폴레옹의 모습일 것이다.

어느 시대든 영웅은 어느 정도의 사실 위에다가 과장과 미화의 탑을 세워 신화로 만들어진다. 그래서 영웅의 실제 모습을 있는 그대로 아는 것은 쉽지 않은 일이다. 그런 점에서 나폴레옹을 나약한 존재로 비틀어버린 리들리 스콧의 시도가 전혀 의미 없는 것은 아니다. 다만 너무 비틀다 보니 극단적으로 한 면만 그린 '왜곡'이라는 비판을 받는 것은 감독의 몫이다.

심장이 뛰는 자식의 장기를 떼어낸다는 것

마일리스 드 케랑갈 원작의 연극 〈살아있는 자를 수선하기〉

"심장이 시몽 랭브르의 몸으로부터 빠져 나왔습니다."

"검은 화면 위로 그녀의 심장 파동이 반짝거립니다."

장기 기증을 정면으로 다룬 강렬한 작품

연극 〈살아있는 자를 수선하기〉는 불의의 교통사고를 당해 뇌사 판정을 받은 청년의 장기가 기증되기까지 24시간의 기록을 긴박하게 다루고 있다. 프랑스 작가 마일리스 드 케랑갈의 동명 소설을 원작으로 한 이 작품은 지난 1월 20일

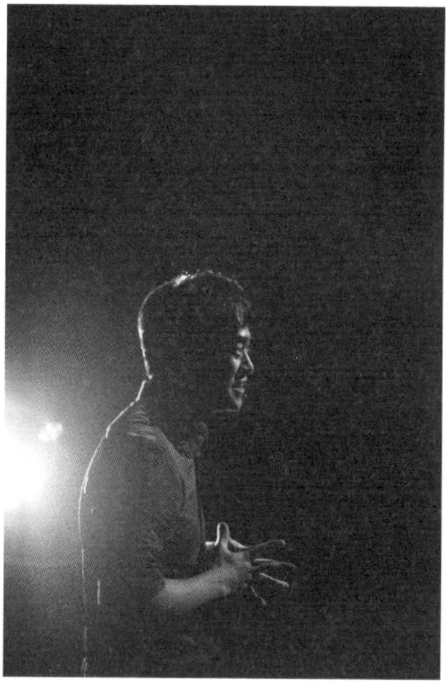

제공= 프로젝트그룹일다, 사진 KIM ILDA

부터 3월 10일까지 국립정동극장에서 공연됐다. 2014년 프랑스에서 출간됐던 이 소설은 장기 기증이라는 강렬하고 미묘한 소재를 정면으로 다루어 삶과 죽음의 경계, 죽음에 대한 윤리와 애도, 생명의 의미 등의 깊은 주제들을 성찰해 낸 베스트셀러 작품이다. 연극은 원작자와 각색가 에마뉘엘 노블레의 긴밀한 작업으로 한 사람이 연기하는 1인극의 형태로 각색되었다. 이 연극은 국내에서는 네 번째 공연인데, 지난 시즌에 참여했던 손상규, 김신록, 김지현, 윤나무 네 명의 배우가 모두 출연해 다시 한번 관객들과 만났다.

2월 2일 손상규가 출연하는 공연을 관람했다. 연극은 시몽 랭브르라는 19세의 청년이 친구들과 새벽에 서핑을 마치고 돌아오는 길에 교통사고를 당하면서 시작된다. 병원으로 이송됐지만 코마 상태에 빠진 시몽은 뇌사 판정을 받게 된다. 의사 레볼은 "오늘 아침 병원에 왔을 때 시몽의 상태는 절망적이었다"고 부모 숀과 마리안에게 말한다. 하지만 시몽의 부모는 따지듯이 묻는다. "코마에서 깨어나는 경우도 있죠. 그런 일이 벌어지잖아요." 레볼은 잘라 말한다. "그렇지 않습니다." "시몽은 뇌사 상태예요. 사망했어요. 죽었습니다." 그런데 시몽의 육체는 아직 경직되지 않았다. 그의 육체는 따뜻하고 선명한 선홍색이었으며 움직임을 보이고 있었다. 어느 정도의 시간이 지나야 아들의 죽음을 받아들일 수 있을까.

심장이 뛰는 아들의 장기를 떼어 내겠다니

결국 장기 이식 코디네이터 토마는 숀과 마리안에게 힘든 얘기를 꺼낸다. "두 분이 느끼는 고통은 잘 압니다. 하지만 시몽의 장기 기증을 고려해 볼 수도 있는 상황입니다." 선뜻 답을 하지 못하는 부모에게 토마는 설득을 계속한다. "아드님이라면 어떤 결정을 내렸을지 우리 스스로에게 물어보는거죠." 숀이 토마의 눈을 똑바로 바라본다. "알아요. 다 압니다. 이식 덕분에 생명을 구할 수 있고, 누군가의 죽음이 다른 사람에게 생명을 부여할 수 있죠. 하지만 우린, 그게 시몽이란 말입니다. 우리 아들이요. 이걸 이해하겠소?"

아버지 숀은 "염병. 이럴 순 없어!"라며 신음을 내뱉었고, 마리안은 심장 뿐 아니라 신장, 간, 심지어 눈까지 떼어낸다는 설명에 기겁을 한다. 토마는 쫓기는 시간을 의식하며 "아드님의 몸을 원래 모습대로 되돌려 놓겠습니다"라고 약속한다. 토마는 〈플라토노프〉라는 희곡에 나온 구절을 떠올린다. "죽은 자들은 땅에 묻고 살아있는 자들은 고쳐야지."

삶과 죽음의 경계는 모호해진다. 아들은 뇌사 판정을 받았지만 다른 몸을 통해 새로운 생명으로 태어날 수 있다니 이것은 죽는 것인가 사는 것인가. 이렇게 인간에게서 삶과 죽음, 희망과 절망은 떨어지지 않고 서로 얽혀있다. 무대에 혼자 있는 1인 서술자는 해변가를 들어오고 나가는 이 청년의 몸과 기억, 그리고 24시간 동안 그의 심장을 만나게 될 사람들의 이미지를 관객들에게 전해준다. 확장되고, 수축되고, 피를 실어 나르기 위해 쉴 사이 없이 애쓰는 심장과도 같은, 생의 순간이 무대에서 묘사된다.

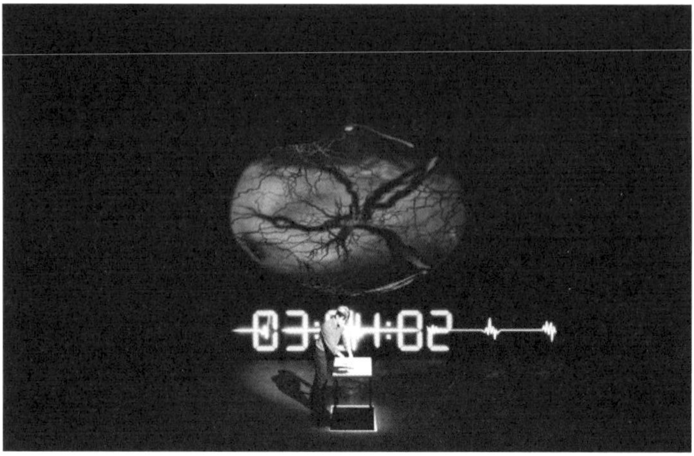

제공= 프로젝트그룹일다, 사진 KIM ILDA

장기 적출이 끝나면 무엇이 남는 것일까

압축된 연극 보다는 사실 원작의 깊이가 더하다. 원작은 죽은 아들의 장기를 적출해서 여러 환자들에게 보내야 하는 어머니의 심정을 살아있게 표현하고 있다. "폐는 지방의 또 다른 지역들에 도착했다. 그것들은 다른 육신들을 향해 질주했다. 이렇게 뿔뿔이 흩어지고 나면 그녀의 아들의 단일성에서 살아남는 것은 무엇일까? 그만의 특별한 기억과 이렇게 분산된 육체를 어떻게 결부시켜야 할까? 그의 존재, 이 세상에 비추어진 그의 모습, 그의 혼은 또 어떻게 되는 걸까? 이러한 질문들이 부글거리는 기포처럼 그녀 주위를 맴돈다. 그러다가 시몽의 얼굴이 그녀의 눈앞에 나타난다. 말끔하고 온전하다. 그것은 나뉠 수 없는 것이다. 그게 그 아이다. 그녀는 깊은 안도를 느낀다."

장기 적출을 할 때 숀과 마리안이 병실에서 나간다. 문 앞에 있던 토마가 "하실 말씀이 있으면 제게 하십시오"라고 말한다. 숀이 힘들게 소리를 내며 청을 내놓는다. "들어낼 때, 시몽의 심장, 그때, 시몽에게, 그러니까 정지시킬 때, 심장을, 말해 줘요, 내가, 그 애에게 꼭 말해 줘요, 우리가 있다고, 함께한다고, 우리 모두 그 애를 생각한다고, 우리 모두의 사랑을." 마리안이 뒤를 받는다. "그리고 루와 쥘리에트도요, 그리고 할머니도." 그러더니 다시 숀, "바닷소리, 들려줘요." 그가 토마에게 이어폰과 MP3 플레이어를 내민다. "7번 트랙이에요. 맞춰 놨어요. 아이가 바닷소리를 듣게요." 그러자 토마가 그 의식을 두 사람의 이름으로 완수하겠노라고 다짐한다. "그렇게 하겠습니다."

이제 시몽에 대한 장기 적출은 끝났다. "그의 육신은 이제 가죽만 남았다. 생명이 물러가면서 남겨 준 것, 죽음이 전장에 놓아둔 것. 그건 침범당한 육신이다. 골격, 뼈대, 피부, 청년의 피부는 서서히 상아빛을 띠기 시작한다." 그러나 극은 그런 감정에 머무르지 않는다. 장기 기증을 기다리고 있는 대기자들에게 빨리 장기를 갖고 달려가서 24시간 안에 이식 수술을 해야 하기 때문이다. 그래서 모든 과정은 건조하기만 하다. 세상을 떠나고 자신의 장기들을 다 떼어준 청년에 대한 애도과 슬픔 같은 것은 자리할 여유가 없다. 무대 위에는 시간이 긴박하게 가고 있음을 보여주는 커다란 시계가 설치 돼있다.

1인극이지만 장기 이식과 관련된 다양한 인물들이 등장한다. 청천병력 같은 아들의 죽음을 슬퍼할 사이도 없이 장기 기증을 제안받고 설득당하는 부모, 그런 부모를 앞에 두고 장기 기증을 제안하고 설득하는 장기 이식 코디네이터와 의사, 수혜자 선정에서부터 운송에 이르는 장기 이식 의 전 과정을 관리하는 총괄국의 담당자, 전국의 병원에서 장기를 가져가기 위해 달려온 적출팀, 그리고 불안한 청춘의 격랑과 직무 사이에서 흔들리는 수술실 간호사도 나온다.

이식 수술은 성공적으로 이루어졌다. 심장이 수축하며 진저리를 친다. 거의 알아보기 힘들 정도의 경련이 이어진다. 가까이 다가가서 들여다보면 그 미약한 박동을 볼 수 있다. 그러더니 그 이식된 장기가 차츰차츰 몸 안에서 혈액을 펌프질하기 시작한다. 그러고는 규칙적이지만 이상하게 빠른 박동이 나타나다가 곧 안정된다. 그 박동은 태아의 심장 박동을, 처음 초음파를 찍을 때 볼 수 있는 그 톡톡 튀는 움

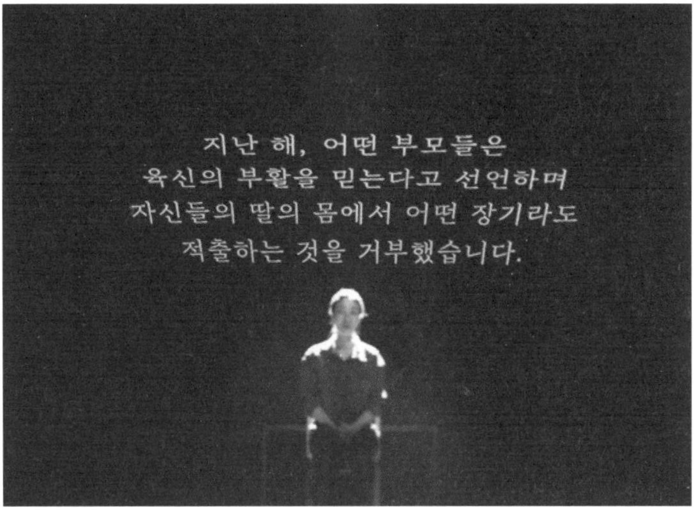

제공= 프로젝트그룹일다, 사진 KIM ILDA

직임을 떠올리게 한다. 분명, 지금 들리는 소리는 최초의 박동, 첫 번째 박동, 여명을 알리는 박동이다. 죽음 몸을 통해 새로운 생명이 탄생한 것이다.

삶과 죽음의 경계를 돌아보게 되는 시간

극 속에 등장하는 여러 인물군들은 사람을 죽이고 살리는 일을 한다는 점에서 저마다 삶의 무게를 지고 있다. 그들

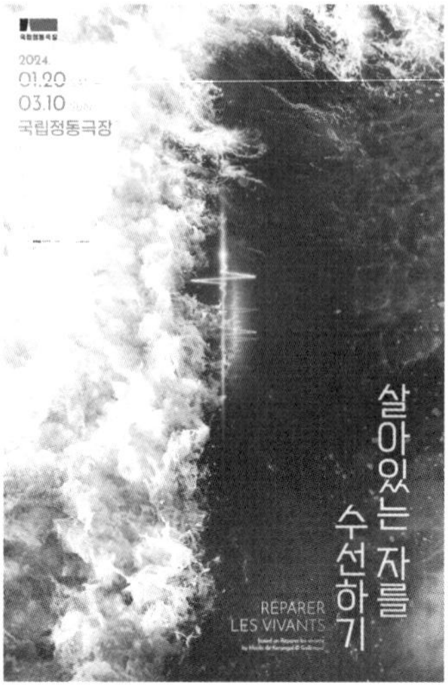

<살아있는 자를 수선하기> 포스터

은 제한된 시간 안에 시몽의 몸에서 장기들을 적출하고 그 장기가 오기를 기다리고 있는 대기자들을 위해 긴박하게 움직인다. 하지만 그들의 일은 지극히 일상적이다. 죽음 앞에서 특별히 슬퍼하지도 않고 장기를 적출해 다 떼어가는 그들의 모습은 기계적이며 냉정하기까지 하다. 관객들에게 감정을 개입시키지 않음으로써 오히려 삶과 죽음의 경계를 담담하고 냉정하게 생각할 수 있는 기회를 준다.

〈살아있는 자를 수선하기〉는 무대, 영상, 조명 그리고 음악의 정교한 미장센이 돋보인다. 비스듬히 놓인 상부는 거대한 스크린으로도 사용되는데, 스크린 가득 영상이 띄워지며 거대한 파도의 영상과 소리가 공간을 압도하는 순간은 공연의 백미로 손꼽힌다. 장면의 정서와 인물의 심리를 섬세하게 표현하는 음악은 공연이 끝난 후에도 관객들에게 잔잔한 여운을 남긴다.

이 연극의 매력은 1인 배우가 100여 분의 시간 동안 다양한 캐릭터의 인물들을 무대로 불러내서 서술하는데 있다. 그만큼 순간순간 캐릭터를 바꿔야 하는 치밀한 연기와 절제가 요구된다. 1인극으로 이렇게 다양한 스토리를 풀어갈 수 있음을 새롭게 발견하게 된다. 다만 1인 다역의 빠른 템포는 때로는 관객의 정신을 빼놓기도 한다. 삶과 죽음의 의미를 음미하고 되새길 여유를 주지 않은채 연극은 빠르게 흘러간다. 객석에는 생각보다 젊은 관객들이 많았다. 아직 죽음이라는 것을 깊이 생각하지 않았을 그들은 장기를 적출당한 시몽의 몸을 보면서 무슨 생각을 떠올렸을까. 그는 죽은 것일까, 새 생명을 얻은 것일까. 죽은 자의 장기를 다 떼어내고 죽어가던 생명을 살리는 것은 고장난 물건을 '수선'하는 것과는 다른 일임에 분명하다. 거기에는 사람들의 영혼이 실려 있기 때문이다,

2부

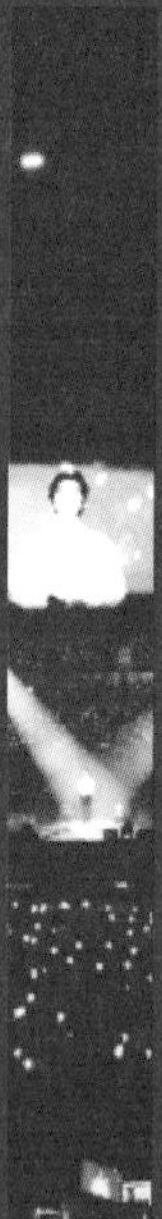

우리를
위로해주는
영웅들

임영웅은 조용필을 넘어설 수 있을까

임영웅 콘서트 〈IM HERO TOUR 2023〉

"한국 가요사상 최고의 남자 가수 베스트 3을 꼽는다면 남인수·조용필·임영웅이라고 말하고 싶어요. 아마 통계적으로도 분명 그렇게 나올 것 같아요. 물론 그중에서도 가장 충격적으로 다가오는 건 임영웅입니다. (이반석 주현미 밴드마스터, 조성진 외 『우리가 몰랐던 임영웅 이야기』)

"현시점에서 이 장르 저 장르 넘나들며 모두 소화하는 유일한 가수는 임영웅이 아닌가 합니다. 조용필 선배님 이후로, 따라서 진정한 크로스오버를 해보고 있는 '혁명가'라고 정의하고 싶어요." (권태은 음악감독, 앞의 책)

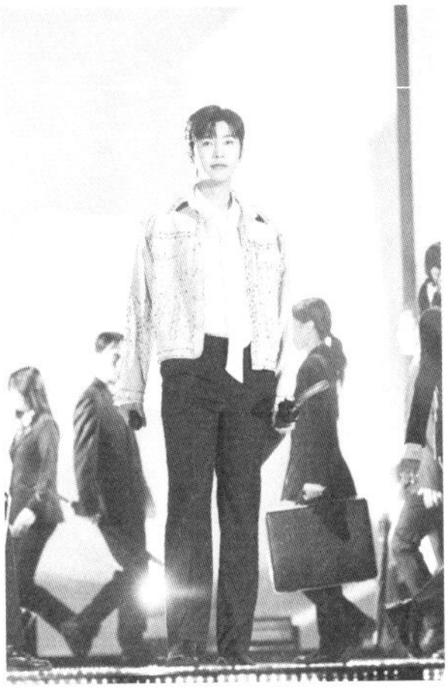

ⓒ물고기뮤직

노래의 전달력이 뛰어난 가수

대중음악을 오랫동안 해온 사람들의 입에서 나오는 임영웅에 대한 찬사가 사실인지 궁금했다. 평소 트로트를 듣는 일이 없기에 임영웅의 노래도 TV 채널을 돌리다가 잠깐씩 스쳐 지나갈 뿐, 제대로 들은 적이 없었다. 그래서 그의 공연을 직접 관람해 봐야겠다고 생각하고 있었다. 하지만 임영웅의 콘서트장에 가는 일은 쉽지 않았다.

〈임영웅 콘서트 IM HERO TOUR 2023〉이 지난해 10월 27일 서울을 시작으로 대구, 부산, 대전, 광주를 거치며 올해 초까지 계속되지만 일찌감치 전일 전석 매진이다. 놀라운 티켓 파워다. 직접 관람할 기회를 잡지 못하다가 대구 엑스코 공연을 앞두고 천신만고 끝에 '취켓팅'(취소표 티켓팅)에 성공하여 지난해 10월 24일 기차를 타고 대구에 가서 마침내 임영웅을 직접 보고 들을 수 있었다.

한마디로 대단하고 좋은 가수였다. 다른 출연자 없이 혼자서 노래하고 댄스하고 사회까지 보면서 150분간의 공연을 알차게 이어간다. 가수에게는 최대의 찬사가 되겠지만, 무엇보다 노래를 정말 잘 부른다. 특별히 힘들이지 않고 인상도 쓰지 않으면서 옆 사람에게 이야기하듯 노래를 부른다. 다른 트로트 가수들처럼 과장된 바이브레이션이나 꺾기 창법

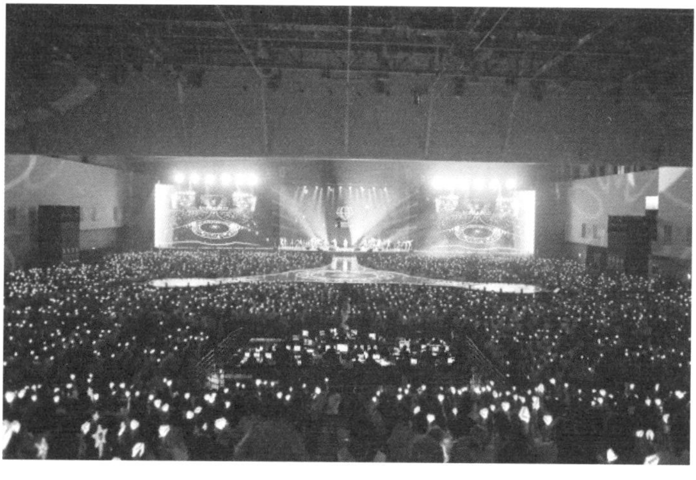

같은 기교 없이 자연스럽게 노래한다. 고음역대에 가서도 남들처럼 힘들이는 표정이 아니다. 목소리 자체도 좋은 데다가 발성도 제대로다. 그래서 듣기가 편하다. 노래의 전달력이 뛰어나니 가수로서 그만한 강점이 어디 있을까.

임영웅은 트로트를 넘어선 전방위적 뮤지션

이날 임영웅이 부른 트로트 곡은 전체 가운데 일부였다. 임영웅은 트로트뿐만 아니라 발라드, 모던 록, 시티 팝 같은 다양한 장르를 넘나들었다. '두 오어 다이Do or Die'를 부르며 EDMElectronic Dance Music에 도전하고 '런던 보이' '폴라로이드' 같은 모던 록 계열의 노래들을 '칼 군무'와 함께 부르는 임영웅을 보면 그가 '트로트 가수'였다는 사실을 잊게 된다. 실제로 임영웅은 '아이돌 차트' 평점 랭킹에서 139주 연속 1위에 오르고 있어서 다른 아이돌 그룹들을 제치고 있다. 그런데 임영웅은 어떤 장르의 노래를 불러도 낯설거나 어색하지 않고 잘 어울린다.

그러니 '트로트 가수'가 아닌 '임영웅'을 청중들은 거부감 없이 다 수용한다. 군무와 함께 '런던 보이'를 부르는 임영웅을 향해 응원봉을 흔들며 환호하는 60~70대 여성들의 모습에서 두 세대의 문화가 합해지는 광경을 발견한다. 이미 팬들에게는 트로트냐 발라드냐 모던 록이냐가 아니라, 노래를 부르는 사람이 '임영웅'이라는 사실이 중요한 것이다.

임영웅은 대중가수로서 많은 것들을 갖추고 있다. 노래 잘하지, 잘생겼지, 인간미를 느끼게 하는 친근한 말솜씨에, 굳이 호불호가 나뉠 이유도 없고 좋아하지 않을 수 없는 가수다. 특히 어려웠던 환경을 딛고 성공했다는 휴먼의 서사도 선한 사람이 잘되기를 바라는 대중의 정서에 부합된다. 임영웅은 곤궁했던 시절을 거쳐 최고의 스타가 되었다는 '흙수저' 서사의 주인공이기도 하다. 한달 수입이 30만원이던 무명 시절 군고구마 장사도 하고 온갖 아르바이트를 하면서 노래를 불렀던 사연, 그런 시간을 거쳐 '미스터트롯'에서 자기의 실력으로 1등을 차지한 스토리는 그를 향한 응원의 마음이 들게 한다.

임영웅, 한국 트로트의 역사를 새로 쓰다

임영웅은 지금 한국 트로트의 역사를 새로 쓰고 있다. 트로트 하면 반짝반짝하는 보라색 의상을 입고 '쌈마이'를 떠올리던 세간의 인식을 허물고 고급스럽게 현대화된 트로트의 시대를 열고 있다. OST곡으로 폭발적 인기를 누렸던 '사랑은

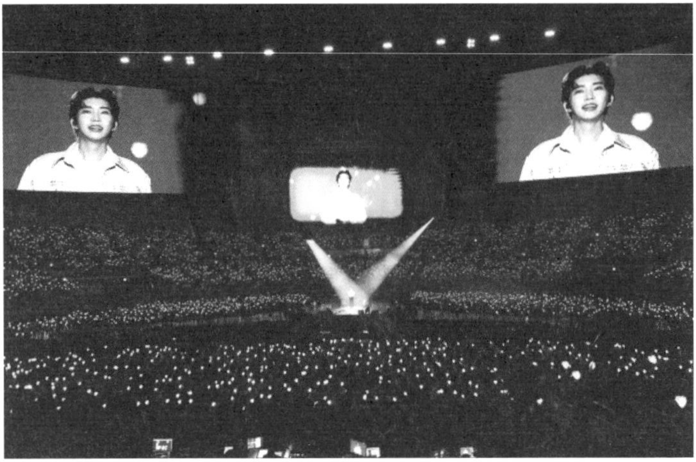

늘 도망가', '우리들의 블루스' 같은 노래들은 참 애틋하고 아리면서도 울림이 큰 깊이를 느끼게 한다. 청승맞게 감정을 드러내던 예전의 트로트와는 전혀 다른 감성적 발라드들이다.

> 사랑이란 게 참 쓰린 거더라/ 잡으려 할수록 더 멀어지더라/
> 이별이란 게 참 쉬운 거더라/ 내 잊지 못할 사람아/
> 사랑아 왜 도망가/ 수줍은 아이처럼/ 행여 놓아버릴까 봐/
> 꼭 움켜쥐지만/ 그리움이 쫓아 사랑은 늘 도망가
> ('사랑은 늘 도망가')

하지만 우리 부모들에게는 그런 애틋한 사랑과 아린 이별의 추억만 있는 것이 아니라 수십년간 힘들게 살아온 인내의 시간이 있었다. 그런 부모들의 마음을 알고 있다는 듯이 임영웅은 노래한다.

아프다 말도 못 하는 사람 이제는 내가 지켜줄게/
어린아이로 돌아가 버린 사랑하는 내 아버지/
사랑해요 내 아버지 ('아버지')

이제 하얀 머리와 주름만 남은 내 아버지에 대한 사랑의 노래는 부모 세대의 가슴을 울린다. 그리고는 어머니와 아버지가 가슴에 묻어두었던 얘기를 임영웅이 먼저 꺼낸다.

막내아들 대학 시험 뜬눈으로 지내던 밤들/
어렴풋이 생각나오 여보 그때를 기억하오/
세월은 그렇게 흘러 여기까지 왔는데/
인생은 그렇게 흘러 황혼에 기우는데/
큰 딸아이 결혼식 날 흘리던 눈물방울이/
이제는 모두 말라 여보 그 눈물을 기억하오
('어느 60대 노부부 이야기')

30대 초반의 가수에게서 이문세나 김광석 같은 선배 가수들이 불렀던 것보다 더 깊은 울림이 전해지는 것은 희한한 일이다. 자신들의 마음을 이렇게 헤아려주니 부모들에게 이런 효자가 어디 있겠는가. 특히 장년 세대들이 임영웅의 노래를 들으면서 가슴이 찡해지는 것은 고단했던 삶에 대한 위로와 힘을 주기 때문이다. "거친 세상이지만 나를 믿고 가오"('HERO'), "언제든 내 곁에 쉬어가요"('모래 알갱이')라는 그의 노래는 결코 쉽지 않은 세월을 살아온 사람들에 대한 치유의 힘을 발휘한다.

고달픈 삶에 위로와 행복감을 주는 가수

공연 도중에 임영웅은 무대에서 내려와 객석을 한 바퀴 돌면서 노래를 부르며 청중들에게 인사를 했다. 공연장을 가득 메운 청중들은 임영웅에게 열광하며 그의 손을 잡아보고 싶어했다. 그날 임영웅은 '어머니들의 대통령'이었다. 공연장을 찾았던 어머니들의 행복한 표정을 보노라면 자식들도 해주지 못했던 위로와 행복감을 임영웅이 주고 있다 해도 과장된 말은 아니었다.

이제는 문화적 현상이 된 '임영웅 현상'이 단명하지는 않을 것 같다. 무엇보다 본인의 음악적 재능이 뛰어나다. 공연장

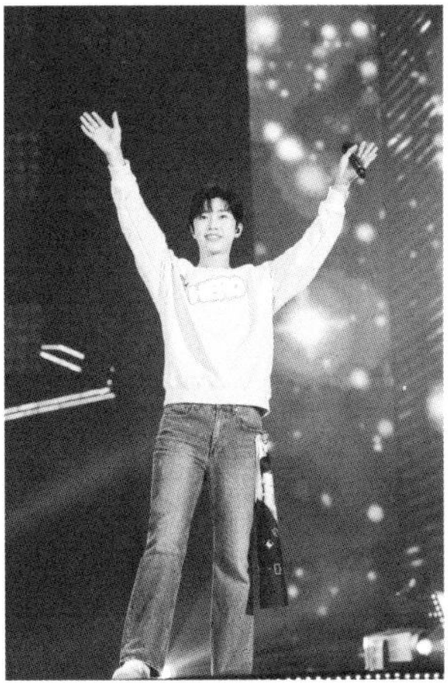

공연중인 가수 임영웅

마다 친절하게 안내하며 자원봉사를 하는 '영웅시대'의 막강한 팬덤들이 있다. 그리고 그의 노래를 들으며 위로받는 장년세대들이 있다.

폭넓고 다양한 음악들에 도전하려는 본인의 노력은 계속될 것 같다. 임영웅이 콘서트 마지막에 했던 말이 있다. "안주하지 않겠습니다. 더 발전하고 성장하는 임영웅이 되겠습니다." 그는 자신에 대한 대중들의 기대와 요구가 무엇인지를 이미 알고 있는 듯했다.

우리 대중음악사에서 다양한 장르를 넘나들면서도 대중의 변함없는 호응을 받았던 가수로는 조용필을 꼽을 수 있다. 이제는 트로트 가수로만 가둬 둘 수 없는 임영웅의 음악적 재능을 보면서 그가 조용필을 넘어서는 우리 대중음악사의 거목으로 성장해 나가기를 기대한다.

임영웅의 이번 콘서트는 우리 엔터 산업의 성장을 접하는 계기이기도 했다. 그 넓고 넓은 공연장 전면에는 무대 양쪽으로 초대형 스크린이 설치되어 관객들이 임영웅의 표정 하나 하나까지 볼 수 있었다. 객석 한복판을 통과하는 T자형 돌출무대는 어느 자리에서든 임영웅을 가까이서 볼 수 있는 기회를 골고루 제공했다. 공연에 참여한 모든 사람들의 동선과 움직임도 일사불란하고 차질없이 정확해 보였다. 게다가 우리가 속한 '우주'를 컨셉으로 삼았던 기획과 연출은 더 이상 '쌈마이'를 떠올릴 수 없는 고급스러움 자체였다.

임영웅은 곧 더 큰 규모의 공연에 나선다고 한다. 2023년 겨울의 전국 투어가 끝나면 임영웅은 올해 5월 서울 상암 월드컵경기장에서 새로운 콘서트를 갖는다. 그곳에서 단독 콘서트를 연 가수는 이제까지 싸이가 유일했는데, 임영웅이 그 뒤를 잇는 것이다. 부모님께 효도하기 위한 자식들의 '피켓팅'(피 튀기는 티켓팅) 대전이 다시 한번 벌어질 판이다. 굳이 효도용이 아니더라도 내 자신이 즐기며 행복감을 느끼기 위한 공연으로도 충분하다.

작은 거인 김수철이 세운 '음악 빌딩'

〈김수철과 동서양 100인조 오케스트라〉 공연

이제는 장년 세대들에게나 기억되는 작품이겠지만 1984년에 개봉된 영화 '고래사냥'이 있다. 최인호의 소설을 원작으로 만든 영화였는데 대단한 인기를 누렸다. 영화 속에서 김수철, 안성기, 이미숙이 함께 눈이 쌓인 산길을 터벅터벅 힘들게 걸어가는 장면이 나온다. 그때 구슬프게 나오는 노래가 김수철이 작사 작곡하고 노래한 '별리'다.

"정 주고 떠나시는 님/ 나를 두고 어데 가나/
노을빛 그 세월도/ 님 싣고 흐르는 물이로다/
마지못해 가라시면/ 아니 가지는 못하여도/

말없이 바라보다/ 님 울리고 나도 운다”

‘음악 천재’라는 말이 지나치지 않은 가수

1980년 전두환 군부정권 시절의 언론통폐합의 아픔을 노래했다는 설도 따라다니지만 굳이 그런 정치적 해석의 필요를 느끼지 않는다. 그냥 이별의 노래 자체만으로 충분히 애절하고 좋다. 유튜브에서 이 영상과 노래를 다시 접하니 마음 깊은 곳에서 ‘짠한’ 무엇이 솟아오름을 느낀다. 정치적 질풍노도의 시절이었던 그 무렵 ‘고래사냥’을 보면서 이 노래를 들었을 때와는 농도가 전혀 다른 느낌이다.

나이가 들어서일까, 세상이 달라져서일까. 마음 깊은 곳에 숨겨져있던 우리네들의 감정을 이렇게 끄집어 올리는 김수철 노래의 깊이에 새삼 감탄했다. 여덟살 때 교향곡 1번을 작곡했던 모차르트의 천재성은 이미 세상이 알고 있지만, 20대 후반의 나이에 이렇게 깊은 정서를 담은 곡을 만들었던 김수철에게도 ‘음악 천재’라는 이름을 붙여주고 싶었다.

그런 김수철의 공연을 관람하기 위해 세종문화회관 대극장을 찾았다. 3000석이 넘는 대극장의 좌석은 일찌감치 매진되었다. 여전히 김수철을 기다리던 사람들이 이렇게 많았

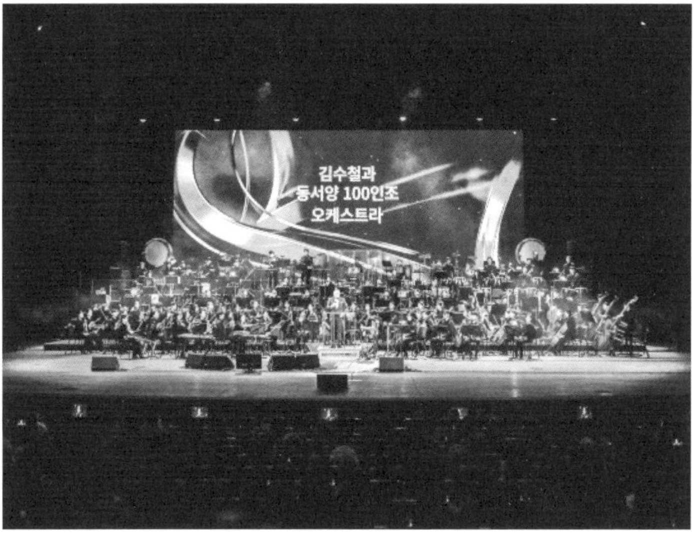

©세종문화회관

던 것이다. 사실 김수철 하면 '나도야 간다'라든가 '젊은 그대'는 기억하지만 그가 국악에 심취한 이후로는 무엇을 했는지 잘 알지 못했다. 이제야 김수철을 온전히 만날 수 있게 된 것이다. 반갑고 기뻤다.

동서양 100인조 오케스트라를 지휘하는 김수철

공연의 타이틀은 무려 '김수철과 동서양 100인조 오케스트라'. '아니, 무슨 말러 교향곡도 아닌데 100인조 오케스트라씩이나' 싶었는데, 100인의 연주자들이 가득 채운 무대를 보니 일단 대단했다. 무대 위에는 서양오케스트라, 밴드 섹션, 서양 타악기, 국악기, 동양 타악기가 뒤섞여 있었다. 대편성 오케스트라의 지휘자는 김수철 본인이었다.

상의는 연미복에다가 하의는 발목이 드러나는 깡충 바지를 입은 김수철의 모습은 솔직히 말하자면 '귀여움' 그 자체였다. 지휘를 하면서도 여전히 폴짝폴짝 뛴다. 지휘봉도 없이 맨손을 휘저으며 100인의 연주자를 지휘하는 김수철. 지휘자 이외에도 기획과 연출, 작곡, 편곡, 노래의 멀티 플레이

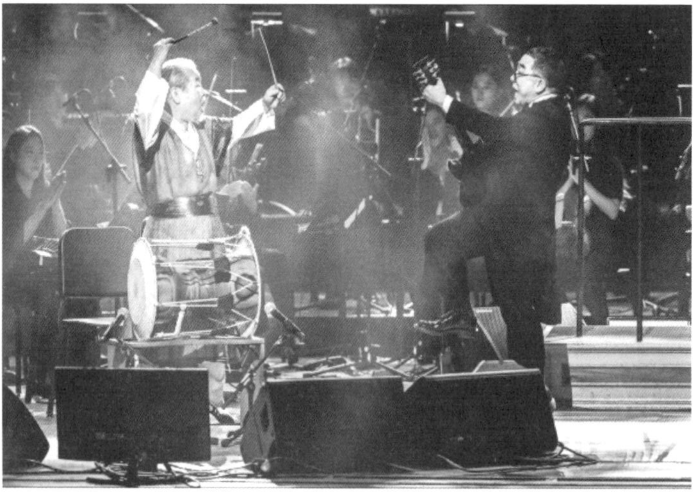

어 역할을 정신없이 해냈다. 놀랐던 것은 이런 공연이 처음 이라는 사실을 김수철의 입을 통해 알게 된 것. 음악활동을 45년이나 해온 인기 음악인이 이제서야 첫 공연을 갖다니. 믿어지지 않았지만, 그만큼 대중적인 인기와 돈벌이보다는 자기가 진정으로 하고 싶었던 국악에 외롭게 매달린 이유 때문이었을 것이라 짐작했다.

공연에는 김수철의 선후배 동료들이 함께 출연해서 김수철의 곡을 불러서 흥을 더했다. 마치 '불후의 명곡'을 보는 느낌이었다. 성시경은 '내일', 화사는 '정녕 그대를', 이적은 '나도야 간다', 백지영은 '왜 모르시나', 그리고 김수철이 '누나'라고 부른 양희은은 '정신 차려'를 불렀다. 이만한 가수들의 노래를 한 번에 다 들을 수 있었던 것도 티켓값을 아깝지 않게 해준 큰 매력이었다.

60대 나이가 믿어지지 않는 '젊은 그대'

오케스트라 지휘를 하던 김수철은 공연 후반부에 가서 지휘대에서 내려와 직접 연주도 하고 자신의 대표 곡들을 노래했다. 국악인 김덕수가 장구를 메고 나오자 김수철은 장구 리듬에 맞춰가면서 '기타산조'를 연주했다. '기타산조'는 서양

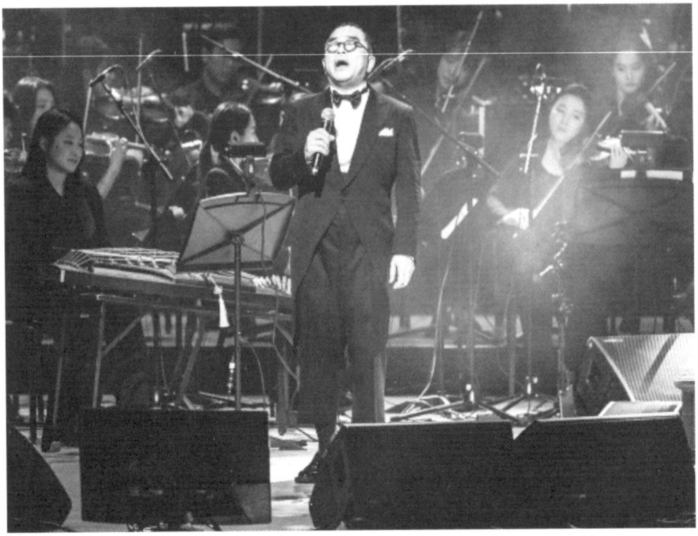

악기인 전자기타로 우리 가락을 연주하는, 김수철이 만들어 낸 새로운 장르다. "서양 악기로 우리 장단, 가락을 연주하고 싶었다"는 것이 그의 얘기이다. 만화영화 '날아라 슈퍼보드'의 주제곡 '치키치키 차카차카'를 부르자 대극장은 순식간에 축제의 장이 되었다. 폴짝폴짝 뛰어다니면서 노래하는 김수철에 맞춰 관객들도 발을 구르며 박수 장단을 쳤다. '못다 핀 꽃 한송이'에 이어 마지막 곡인 '젊은 그대'를 부를 때는 곳곳에서 관객들도 함께 일어나 율동을 하며 '떼창'을 했다.

돌아오면서 검색을 해보니 김수철의 나이가 어느덧 60대중후반. '치키치키 차카차카'를 부르면서 천진난만한 얼굴로 뛰어다니는 그를 보면서 나이의 숫자를 짐작하는 것은 불가능한 일이다. 음악에는 사람을 늙지않게 하는 신비한 힘이 있나 보다, 자기가 좋아하는 것에 진심으로 빠져든 사람은 늙지도 않나 보다 싶었다. 김수철이 마지막 곡까지 다 부르고 나니 든 생각이 있었다. 김수철의 노래는 김수철이 가장 잘 부른다는 것. 내노라 하는 정상급 가수들이 출연해서 김수철의 노래를 불렀지만 대부분이 오케스트라 소리에 묻혀버리고 말았다. 김수철 곡들의 맛이 제대로 살아나지 못한다. 김수철 본인이 마이크를 잡고 '못다 핀 꽃 한송이'와 '젊은 그대'를 부르니 비로소 그런 아쉬움이 일거에 해소된다. 본인의 곡을 본인이 가장 잘 부르는 것이 당연한 일이기도 하겠지만, 그의 가창력이 뛰어남을 새삼 확인할 수 있었다.

김수철을 '작은 거인'이라 부르는 이유

김수철이 이제까지 낸 음반은 모두 40개고 그 가운데서 국악 음반은 모두 25개다. 그 많은 음반가운데서 상업적 성공을 거둔 앨범은 100만장 넘게 팔린 '서편제' 음반이 유일하다고 한다. 그 많은 국가행사들의 음악감독을 맡았고 작곡료도 제법 받았을 그였지만, 번 돈의 대부분을 국악을 위해 장비들을 구입하고 공부하고 앨범을 만드는데 썼다고 한다. 그래서 큰 부자는 아니지만 김수철에게는 우리 문화인 국악을 하는 데 대한 큰 자부심이 있다.

"돈 안 되는 국악을 왜 하느냐는 말을 수없이 들었지만 좋아서 하는 거고 자존심이에요. 그래서 가진 빌딩이나 재산은 없지만 제 손으로 세운 '음악 빌딩'은 정말 많습니다."

이날 공연도 김수철이 10억원의 자비를 들여서 벌였다고 한다. 김수철은 저녁의 유료 공연에 앞서 낮 시간에는 무료 초대 공연을 했다. "소방관, 경찰, 환경미화원, 우편배달원 등 보이지 않는 곳에서 애쓰시는 분들에게 응원과 감사를 전하고 싶었다"는 것이 무대 위에서 밝힌 그의 생각이었다. 원래 저녁 공연도 무료로 할까 생각했는데 "세종문화회관 관장님이 그렇게 하면 오히려 관객들이 성의있게 오지 않는다"며 만류해서 유료 공연을 하게 되었다는 얘기를 했다.

관객들 앞에서 밝히는 그런 얘기를 들으니, 15년간 벼르던 공연을 하면서 무료로 할 생각을 하다니, 이 사람은 정말 돈에 대한 욕심이 없나 보다 싶었다. 관객들에게 밝힌 얘기인 즉, "15년 전부터 하고 싶었지만, 기업 후원을 계속 거절당해 결국 자비로 일을 벌였다"는 것이었다. 공연을 시작하면서 도움을 준 몇 사람을 소개하는 것을 보니까 아마도 공

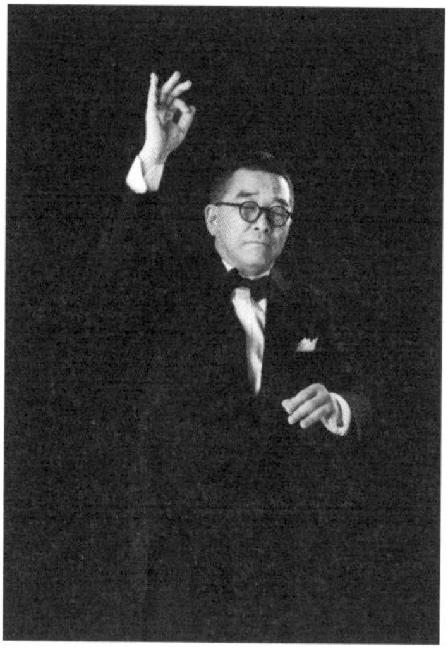

연을 위해 도움을 준 후원자들도 있었던 것 같다.

신명나는 한판 축제 같은 김수철의 공연을 다녀오고 나니까 진한 여운이 이어진다. '별리'도 '천년학'도 '못다핀 꽃 한송이'도 너무 좋다. '고래사냥'도 '서편제'도 다시 보며 김수철의 곡을 다시 듣고 싶어진다. 하지만 김수철이 준 자극은 그리움 같은 그 시절의 향수만은 아니다. 자기가 가려는 길을 외롭더라도 꿋꿋이 걸어가는 모습이야말로 김수철을 '작은 거인'이라 부르는 이유일 것이다.

"음악 말고 할 게 없는데 무슨 목표가 있겠나. 그저 건강이 허락하는 한 음악작업을 열심히 할 것이다. 내 시대에 모든 국악의 현대화를 완성할 수도 없고, 국악이 계승·발전하도록 다리가 돼주는 역할까지가 내 몫이다. 그다음엔 의식 있는 젊은 후배들이 나타나 나의 못다 핀 꽃 한송이를 피우지 않을까.” (《세계일보》 2023년 10월 10일자 인터뷰)

그가 만들고 부른 노래 ‘내일’의 가사처럼 김수철은 알아주는 사람도 적은 국악 대중화의 길을 외롭게 걸어가고 있었다. “흘러 흘러 세월 가면 무엇이 될까/ 멀고도 먼 방랑 길을 나 홀로 가야 하나/ 한 송이 꽃이 될까/ 내일 또 내일.”

3부

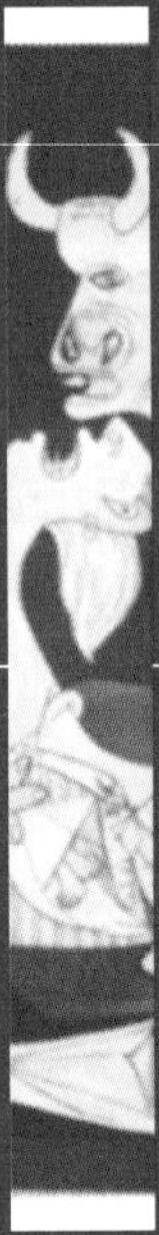

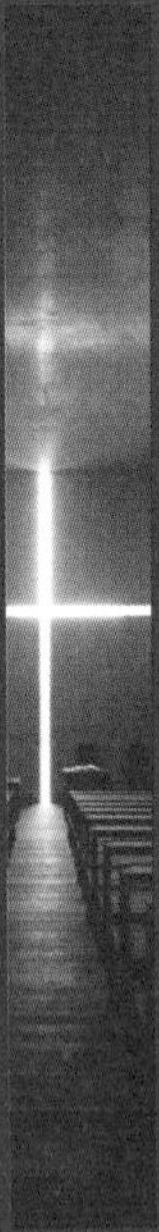

예술가들의 투혼이 낳은 성취

사람은 가고 예술은 남다, 김환기-김향안의 예술 인생

호암미술관 〈한 점 하늘_김환기〉 & 뮤지컬 〈라흐 헤스트〉

“한국의 가장 유명한 20세기 화가”(제인 포탈)라는 얘기를 듣던 수화 김환기. 호암미술관 1층 전시실에 걸려있는 점화點畵 ‘어디서 무엇이 되어 다시 만나랴’ 앞에 서서 한참을 들여다보았다. 유화물감으로 하나하나 점을 찍어 캔버스를 가득 채운 화가는 다시 점 하나하나를 선으로 둘렀다. 가족에게 보낸 편지에서 “열여섯 시간을 서서 일을 하고 있다”고 했던 얘기가 실감이 났다.

자신이 그리워하던 것들을 점과 선으로 그린 김환기

김환기는 자신이 그리워하던 모든 것들을 그렇게 수많은 점과 선으로 만들어 그렸다. "오만가지, 죽어간 사람, 살아있는 사람, 흐르는 강, 내가 오르던 산, 풀포기, 꽃잎… 실로 오만가지를 생각하며 내일을 알 수 없는 미래를 생각하며 점을 찍어간다." 김환기가 뉴욕에서 하루 열여섯 시간을 서서 캔버스 위에 찍었던 점들은 그가 그리워했던 사람이고 자연이고 고향이었으며, 우리가 언젠가는 돌아가야 할 우주였다.

김환기, 어디서 무엇이 되어 다시 만나랴 16-IV-70 #166, 1970, 232x172cm, 캔버스에 유채, 개인 소장
©Whanki Foundation • Whanki Museum

흔히 김환기의 작품세계는 '구상과 추상' 혹은 '점화 이전과 점화'라는 시기로 구분해서 설명된다. 실제로 1960년대 초까지 김환기의 작품은 산, 달, 새, 매화, 사슴 같은 한국의 자연, 그리고 백자 항아리 같은 한국의 전통과 서정이 표현되는 세계를 구축했다. 그러다가 1964년 뉴욕 정착 이후로 점과 선에 의해 이루어지는 추상의 세계로 들어가게 된다.

지난해 5월 18일부터 호암미술관에서 열렸던 김환기 회고전 〈한 점 하늘_김환기〉는 그의 독창적 예술 세계였던 전면점화가 만들어진 과정을 볼 수 있게 해준다. 이곳에 모아 놓은 120여점의 작품들을 보노라면 김환기의 예술적 변모가 단절이 아닌 연속성 위에 있음을 이내 알게 된다. 부인

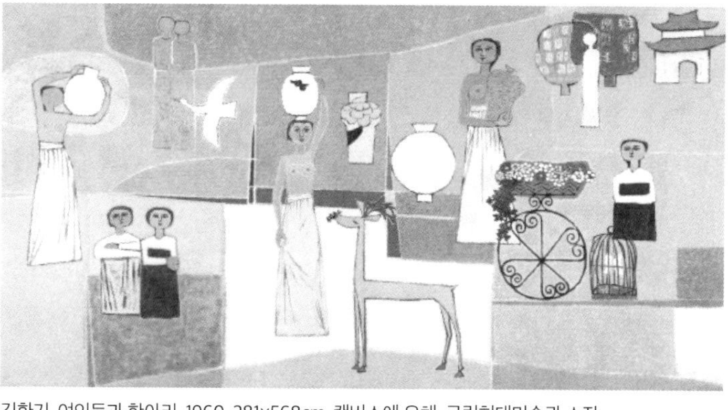

김환기, 여인들과 항아리, 1960, 281×568cm, 캔버스에 유채, 국립현대미술관 소장
©Whanki Foundation • Whanki Museum

김향안은 김환기 예술의 전과정에 흐르는 일관된 맥을 "자연의 아름다움을 표현한 것"이라고 했었다. 수화에게 자연은 곧 사람이고 고향이며, 우리가 생겨났다가 다시 돌아갈 우주였던 것이다.

'점화'에 눈뜬 기쁨, 그러나 건강이 말을 안 듣는다

김환기의 일기와 편지를 모은 『김환기의 뉴욕일기』나 『어디서 무엇이 되어 다시 만나랴』를 읽고 그의 작품들을 보면 그 수많은 점에 담겨있을 작가의 내면을 더 가까이할 수 있다. 40대 초반의 젊은 김환기는 자신의 그림에 대한 의욕과 자신감을 말한다.

"향안 걱정 말아요 나 아주 명랑해요. 나 갈수록 좋은 그림 그릴 자신 있어요. 내월月에는 또 새 정신으로 시작해 봐야겠어. 상품화된 화포를 쓰지 않고 생지의 살결을 살려서 정말 좋은 그림을 그려볼래." (1964. 1. 29)

40대 중반 들어 마침내 자신을 발견했다는 설렘도 얘기한다.

"봄내 신문지에 그리던 일 중에서 나는 나를 발견하다. 내 재산은 오직 '자신信'뿐이었으나 갈수록 막막한 고생이었다.

이제 이 자신이 똑바로 섰다. 한눈팔지 말고 나는 내 일을 밀고 나가자. 그 길밖에 없다. 이 순간부터 막막한 생각이 무너지고 진실로 희망으로 가득 차다." (1967. 10. 13) 하지만 그 과정은 힘들고 고단했다. "종일 화포 속틀 두 개 만드니 지쳐 버린다. 밤엔 우울한 심정. 미술의 밀림에 투족한 지 오래다. 이대로 죽어도 좋다. 꿈을 이루고 귀국해야지." (1965. 2. 5)

그리고는 점화에 눈을 뜨고 세상의 모든 것들 점에 담으려는 새로운 지평의 작업이 시작된다. "나는飛 점點, 점들이 모여 형태를 상징하는 그런 것들을 시도하다. 이런 걸 계속해 보자." (1968. 1. 23) 점화에 눈뜬 것은 그에게 새로운 인생의 시작을 의미했다.

그러나 1974년 들어 김환기의 일기에는 점차 우울한 정서들이 나타난다. "아침, 창밖에 해가 난다. 일을 시작해야겠는데 아무런 생각이 안 든다. 늘 졸리기만 하니 이거 늙은 거다. 노쇠老衰를 절감한다." (1974. 2. 18) "#330 저녁때 끝내다. Central Park에 간신히 나가다. 곧 쓰러질 것만 같다. 어찌하여 이렇게 빨리 노쇠하는 것일까. 필시 무슨 까닭이 있는 것 같다." (1974. 4. 4) "일을 빨리빨리 열심히 해야겠는데 건강이 말을 안 듣는다." (1974. 4. 20) "새벽부터 비가 왔나 보다. 죽을 날도 가까워 왔는데 무슨 생각을 해야 되나. 꿈은 무한하고 세월은 모자라고." (1974. 6. 16)

일을 해야 하는데 몸이 말을 듣지 않는 상황, 세월의 모자람을 아쉬워했던 김환기는 오랜 작업이 낳은 목 디스크 때문에 수술대에 오른다.

"해가 환히 든다. 오늘 한 시에 수술. 내 침대에 'Nothing By Mouth'가 붙어 있다. 내일이 빨리 오기를 기다린다."
(1974. 7. 12)

김환기의 일기는 여기서 끝난다. 그리고 10여일 뒤인 7월 25일에 사망한다. 사람이 어떻게 그리 허망하게 갈 수 있는지, 김향안이 남긴 글 가운데서 당시 상황에 대한 기록이 나온다. "7월 14일. 새벽, 환자가 침대에서 떨어졌다는 전화를 받고 달려가다. 인텐시브 케어실에 옮겨져서 인공호흡이 가해져 있었다. 스트로크. 뇌출혈이 일어난 거로 진단. 의식은 영원히 돌아오지 않았다. 12일간 인공호흡으로 계속하다 1974년 7월 25일 9시 40분 운명하다." 목 디스크 수술 후 낙상으로 뇌출혈이 생겨 그냥 세상을 떠나고 만 것이다.

김환기 예술 인생의 동반자 김향안

김환기의 예술 인생에서 김향안은 더 없는 존재였다. 원래 이름이 변동림이었던 김향안은 1936년 시인 이상과 결혼

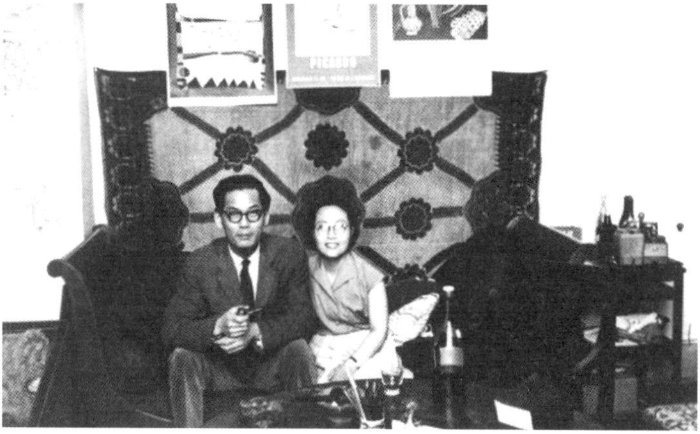
1956년 파리의 아틀리에에서 김환기와 김향안 ©Whanki Foundation·Whanki Museum

했으나 3개월 만에 동경으로 떠난 그가 사망한 뒤 1944년에 김환기와 재혼한다. 그때 김환기의 아명이었던 '향안'으로 이름을 바꿨다. 김향안은 그 자신이 수필가이자 화가로서 자기 정체성을 가진 여성이었다. 하지만 김향안은 화가인 남편의 예술적성취를 적극 돕고 나섰다. 김환기를 더 넓은 세상으로 이끌기 위해 먼저 파리에 가서 아뜰리에를 마련한 것도, 김환기가 세상을 떠난 이후 '환기미술관'을 만들어 그의 작품들을 세상에 알리고 기린 것도 그녀였다.

"부부란 서로의 호흡을 공감하는 데서 완전한 일심동체가 되는 것인 줄로 안다. 자기가 전공한 것이 미술이 아니라도 미술가와 결혼을 하게 되었다면 미술에 대한 기본 공부를 해보는 것은 남편의 세계를 이해하게 되기도 하려니와 자기 자신의 정신 생활을 또한 그만큼 폭넓게 하는 길이 될 거다." (김향안 『월하의 마음』)

1959년 파리에 있을 때 두 딸에게 보낸 편지에서 김환기는 김향안에 대한 고마움을 이렇게 적고 있다. "네 엄마의 희생적인 노력과 협조가 아니고서는 나는 잠시도 편히 붓을 들고 있을 수가 없었을 것이며, 또한 일부에서도 인정을 못 받았을 것이다. 정말 나는 사느냐 죽느냐 하는 심경으로 붓을 들어왔고 네 엄마도 또한 이런 정신력으로 오늘까지 밀고 온 것이다. 그러면서도 밤이면 늦도록 제 공부를 하고 있다…. 아, 사람이란 이런 것을 보고 투쟁이라 하며 극복이라 하나 보다."

김환기가 남긴 작품들을 자신의 분신이라 여겼던 김향안은 환기재단을 설립하고 1992년에 환기미술관을 개관한다. "미술관, 마침내 문을 열게 되었다. 완전히 무無에서 시작한 미술관 "나는 뭐 죽어서 묻히는 것은 아무 데서 묻혀도 괜찮아…! 그러나 내 작품은 내 나라에, 서울에, 보내고 싶은..." 그 마음을 알기에 집을 짓고 이사 가는 기분으로 미술관을 시작했다. 그리고 눈물과 땀이 얼룩진 긴 시간 속에 이루어졌다." (김향안 『미술관 일기』)

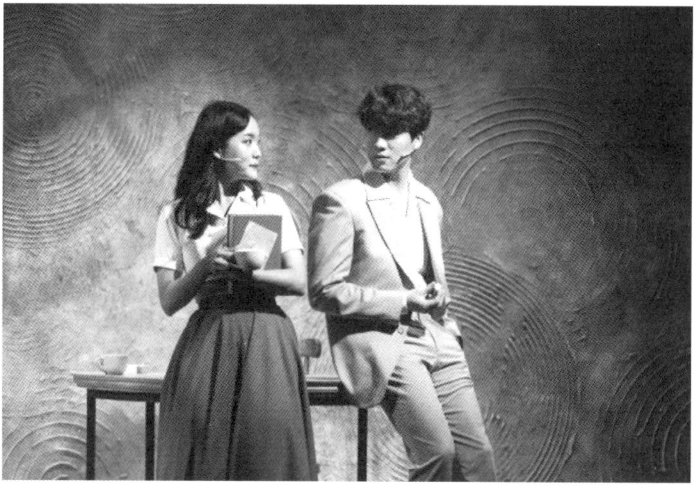

뮤지컬 '라흐 헤스트' ©(주)홍컴퍼니

사람은 가고 예술은 남다

김향안은 김환기의 예술적 동지, 삶의 반려자를 넘어 환기재단과 미술관의 설립자가 되어 그의 작품들을 세상에 알렸다. 호암미술관에서 김환기의 작품들을 보고난 뒤 김향안을 주인공으로 한 뮤지컬 〈라흐 헤스트〉를 상연중인 대학로로 갔다. '라흐 헤스트'는 프랑스어로 '예술은 남다'라는 뜻으로, 김향안의 수필집 제목 『사람은 가고 예술은 남다』에서 가져온 것이다.

이 작품에서 김향안은 화가의 아내이기 이전에 자신의

인생을 살아가며 사랑을 하고 예술을 말하는 주인공이다. 극의 구성이 독특하다. 변동림과 이상, 김향안과 김환기의 이야기가 번갈아가면서 전개된다. 변동림과 이상의 이야기는 시간순으로, 김향안과 김환기의 이야기는 시간 역순으로 전개된다. 이상과의 사별을 슬퍼하는 변동림과, 김환기와의 만남에 설렌 김향안이 서로를 지켜보며 대화를 나눈다. 슬픔에 젖어있는 동림에게 향안은 너는 내 기억보다 더 단단한 사람이었다며 앞으로 나아가라고 응원한다. 그리고는 만약 자신이 예전처럼 예술가와 사랑에 빠지게 된다면 해줄 조언이 있느냐고 동림에게 묻는다. 동림은 향안에게 이렇게 말한다. "사람은 가고, 예술은 남다."

세월은 흐르건만 김환기와 김향안을 사랑하는 사람들은 더 늘어가고 있다. 김환기의 그림이 최고 경매가를 기록했다는 이유 때문은 아닐 것이다. 예술을 위해 영혼을 불태웠던 두 사람의 인생 역정이 주는 잔잔한 감동 때문이다. 그러니 예술만 남은 것이 아니라 사람도 남은 느낌이다.

“그림에 나를 고백하고 녹여서 넣는다”

장욱진 회고전 〈가장 진지한 고백〉

장욱진(1917~1990)은 박수근, 이중섭, 김환기, 유영국 등과 함께 다섯 손가락 안에 꼽히는 2세대 서양화가이다. 서양화에 동양적 정신과 형태를 더해 한국적 모더니즘을 창조했다는 평가를 받고 있다. 그런 장욱진의 그림을 보기 위해 서울 국립현대미술관 덕수궁에서 열리고 있는 회고전 ‘가장 진지한 고백’을 찾았다.

고정되지 않는 변화를 추구한 작가 정신

이번 전시는 1920년대 학창 시절부터 1990년 작고할 때까지 60여 년간 펼쳐온 장욱진의 유화, 먹그림, 매직펜 그림, 판화, 표지화와 삽화, 도자기 그림을 한자리에서 조망하고 있다. 시기별로 구분된 4개의 전시실을 돌아보면 장욱진 미술의 변천 과정을 전체적으로 이해할 수 있다. 반복되는 소재들이 몇 가지 있다. 까치, 나무, 해와 달, 마을, 집과 가족, 그리고 자신의 모습 같은 것들이다. 자신의 삶의 주변에서

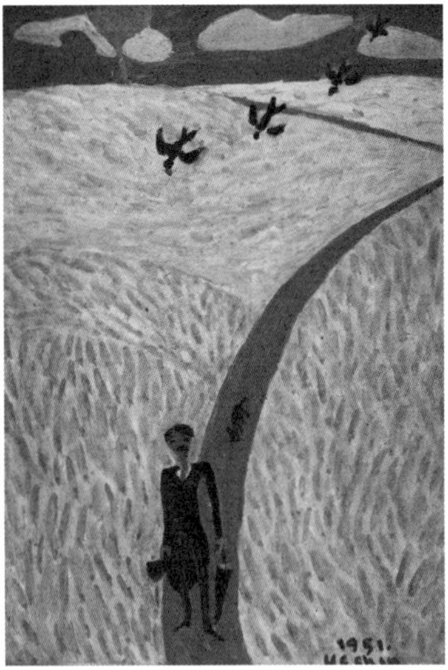

자화상, 1951, 개인소장

보이는 일상적인 풍경들을 화폭에 담고 있다. 그의 그림들이 유난히도 친근하고 정겹게 느껴지는 것은 생활과 가까이 있는 소재들을 그렸기 때문일 것이다. 하지만 반복되는 소재들은 작품마다 다 다르게 표현되고 있다. 새로운 재료와 기법을 찾아가면서 고정되지 않는 변화를 늘 추구했던 작가정신을 발견할 수 있다.

첫번째 전시실에 들어가면 가장 먼저 눈에 띄는 작품이 〈자화상〉이다. 한 뼘 크기의 작은 종이 위에 유채로 그린 아주 작은 그림이다. 하지만 그림이 주는 느낌은 작지 않다. 이 그림을 그린 것은 한국전쟁기인 1951년. 서울 광화문 근처에 살았던 장욱진의 가족들은 언제 머리 위로 폭탄이 떨어질지 모르는 전쟁의 공포 속에서 지냈다. 결국 부산으로 피난을 갔다가 부인만 그곳에 남고 장욱진과 딸, 아들은 충남 연기군으로 가서 한동안 머물렀다. 이 무렵에 그린 것이 〈자화상〉이다. 그림에 나오는 콧수염을 기른 모던한 모습의 남자가 장욱진 자신이다. 입고 있는 옷은 결혼식 때 입었던 하이칼라 프록코트. 황금빛 벼 이삭들과 붉은 논두렁 길이 있고 청록색 하늘에는 구름들이 떠 있다. 귀향하는 장욱진의 뒤로 검둥개와 새들이 함께 뒤따르고 있다.

'나는 심플하다'고 말했던 이유

전쟁의 한복판에서 그려진 그림이라고 생각이 들지 않을 평화롭고 서정적인 풍경이다. 장욱진은 전쟁의 공포를 느끼지 못할 만큼 무사태평한 인물이었던 것인가. 그 반대였다. 전쟁 속에서 장욱진은 많이 고통스러워하며 고독과 슬픔을 느꼈다. 그래서 그림을 통해 자신의 행복했던 시절에 대한 기억과 현실 사이의 간극을 표현한 것이다. 결혼식 때 입었던 옷을 다시 그리며 과거의 행복했던 시간을 떠올린 것은 비참한 현실에 대한 반어적 표현이었을 것이다. 전쟁의 비참함과 슬픔 속에서 가장 행복했던 시간의 기억을 떠올리며 자기 길을 가고 싶어 하는, 사연이 많은 작품이다. 장욱진 스스로 이 그림에 대해 이렇게 말하고 있다.

"이 그림은 대자연의 완전 고독 속에 있는 자신을 발견한 그때의 내 모습이다. 하늘에 오색구름이 찬양하고 좌우로는 자연 속에 나 홀로 걸어오고 있지만, 공중에선 새들이 나를 따르고 길에는 강아지가 나를 따른다. 완전 고독은 외롭지 않다."

장욱진은 어느 정도 술이 들어가면 "나는 심플하다"는 말을 되풀이하곤 했다. "나는 깨끗이 살려고 고집하고 있노라"는 의미라고 스스로 말했다. 그의 그림은 일상적인 소재들을 갖고 간결한 구도와 독특한 색감으로 그려졌다. 마치 어린아이들의 그림 같다. 그림만 '심플'했던 것이 아니다. 삶도 단순함을 추구하며 살았다. 번잡한 도시 생활을 떠나 외진 곳으로 가서 작업에 몰두했다. 모두 잠든 새벽에 일어나 그림을 그렸고, 그림 그리기를 마치면 술을 마시러 갔다. 오직 그림에 몰두한 삶이었고, 부와 명성을 추구하는 것과는 거리가 멀었다. "나는 심플하다. 술 먹은 죄밖에 없다!"고 절규하던 스승, 탐욕과 싸우고, 욕심 많은 사람을 경멸하던 스승의 모습을 제자였던 조각가 최종태는 기억한 적이 있다. (최종태, 『장욱진, 나는 심플하다』)

'자유인'으로 살고자 했던 장욱진의 꿈

그렇게 심플한 삶을 살아서였을까. 장욱진의 그림에는 가족도가 유난히 많다. 가족에 대한 사랑과 그리움, 그리고 미안함이 담겨있다. 돈이 되는 일은 거들떠보지 않았던 화가였기에 생활은 쪼들렸다. 한 달 술값 정도에 불과한 교수 월급에, 생계는 부인 이순경이 도맡아 꾸려가야 하는 시절도 있었다. 이런 상황은 가족에 대한 사랑을 담은 그림들로 나타난다. 장욱진의 평소 가족들에게 "나는 가족을 사랑한다. 사랑하는 방식은 다르다"라고 말하곤 했다. 많은 가족도 가운

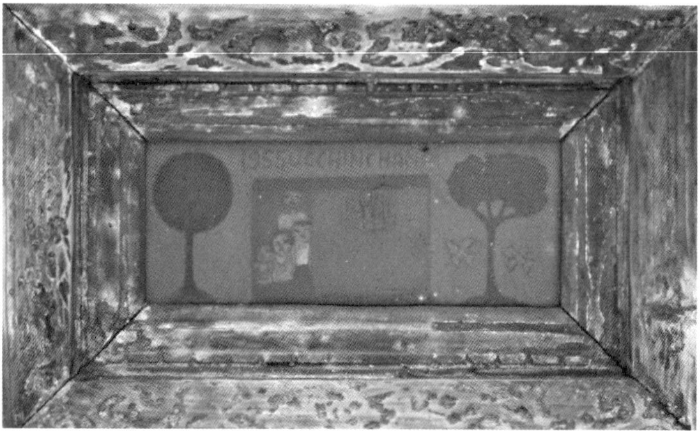

가족, 1955, 국립현대미술관

데서 이번 전시회에서 중요한 작품으로 꼽히는 대표적인 그림이 1955년에 그려진 〈가족〉이다. 장욱진의 첫 가족도인데, 일본인 사업가에게 판매된 이후 공개된 적이 없다가 이번 전시를 준비하는 과정에서 발굴되어 60년 만에 출품된 작품이다. 장욱진이 항상 머리맡에 걸어둘 만큼 애착을 가졌던 작품이고 처음으로 돈을 받고 판매한 작품이다.

장욱진이 세상을 떠나기 두 달 전에 그린 〈밤과 노인〉(1990)은 생의 마지막 무렵에 그가 가졌던 생각을 읽을 수 있는 그림이다. 왼쪽 상단에는 흰 도포를 입고 하늘을 날아다니는 노인이 있다. 죽음이 멀지 않은 장욱진 자신이다. 그림 오른쪽에는 화가가 사랑했던 집, 까치, 나무, 아이가 있다. 삶

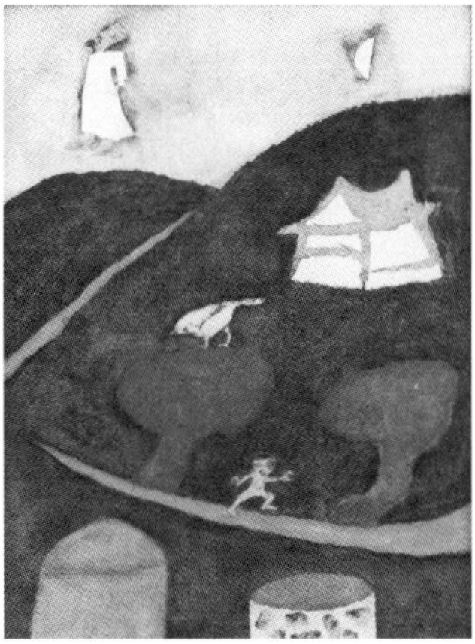

밤과 노인, 1990, 개인소장

과 죽음을 초월한 표정의 노인은 하늘로 날아가고 있지만 그가 사랑했던 것들은 땅에 있다. 그림 한가운데서 까불고 있는 아이는 젊은 시절 철없던 자신의 모습일 게다. 노인은 죽음으로 가고 있지만 슬퍼하지 않고 초연하다.

1970년대 이후 노년기에 들어 장욱진의 작품 세계는 큰 변화를 나타낸다. 마치 먹으로 그린 동양화를 캔버스에 옮겨 놓은 듯한 느낌을 자아낸다. 동양의 정신과 형태를 일체화시킨 그의 그림은 『금강경』의 핵심 사상인 '무상無相'으로 집약된다. 하늘로 둥둥 떠다니며 공중 부양하는 사람들, 시공간을 초월한 그의 말년작들은 모든 집착을 떠나 초연한 지경인 '무상'을 드러낸다. 말년으로 갈수록 깊어진 그의 성찰과 내면의 세계는 '무상'의 작업으로 이어져 한국적 모더니즘을 창출했다는 평가를 받는다. 장욱진은 '자유인'으로 살고자 하는 꿈을 마지막까지 갖고 있던 화가였다.

그림에 자신의 삶을 담았던 장욱진

장욱진의 큰 딸 장경수는 『내 아버지 장욱진』에서 아버지의 삶을 이렇게 말하고 있다.

"일생을 걸고 그림을 그린다는 건 작품이 많다거나 꾸준히 일기 쓰듯이 그렸다는 뜻이 아니다. 평생 붓대를 놓은 적이 없다는 당신의 말씀은 작품 수가 많다는 게 아니다. 오로지 그림만을 위해 숨 쉬고 그림에만 몰두하셨다는 것이다. 당신이 반드시 그려야 할 그림이 아니라면 그리지 않으셨다. 그림이 안 되면 고통스럽게 4년이나 그리지 못하셨지만 쉽게 여기저기 휩쓸리지 않으셨다."

장욱진은 자신의 작업을 "참된 것을 위해 뼈를 깎는 듯한 소모"라고 말했다. 목 디스크로 힘들어진 몸으로 아침부터 밤까지 서서 점화의 한점 한점을 그리고 있던 김환기, 90을 바라보는 나이에 뇌경색으로 쓰러져 비틀거리는 몸을 이끌고 마지막 혼신의 힘을 다하던 박서보. 그리고 지금 고백하고 있는 장욱진. 우리의 화가들은 그림을 위해서라면 자신을 불태우는 성실함에서 어쩌면 이렇게 하나 같았을까.

장욱진의 그림들을 보면 그의 삶이 나타난다. "그림처럼 정확한 나의 분신分身은 없다. 난 나의 그림에 나를 고백하고 나를 녹여서 넣는다. 나를 다 드러내고, 발산하는 그림처럼 정확한 놈도 없다." (장욱진, 「마을」, 『조선일보』, 1973. 12. 8.) 그래서 이번 전시의 타이틀이 '가장 진지한 고백'이다. 고백하는 사람에게는 진정성이 있다. 삶과 작품의 일치가 느껴지기에 작은 소재들 속에서도 화가의 진정성이 전해진다. 장욱진이 떠난 지 30여년이 흘렀지만, 그의 그림들은 여전히 세상을 향해 정직하게 고백하고 있다.

"사람의 마음속에는 잡다한 얼룩과 찌꺼기들이 많다. 기쁨, 슬픔, 욕심 집념들이 엉겨서 열병처럼 끓고 있다. 그것을 하나하나 지워 간다. 다 지워 내고 나면 조그만 마음만 남는다. 어린이의 그것처럼 조그만 이런 텅 비워진 마음에는 모든 사물이 순수하게 비친다. 그런 마음이 돼야 붓을 든다." (장욱진, 「경향화랑」, 『주간경향』, 1979. 10. 7.)

시련 위에서 나다운 건축 펼쳐낸 '영원한 청춘' 안도 타다오

뮤지엄 산에서의 개인전 〈안도 타다오-청춘〉

"그래서 나는 여성들은 용감하다고 생각한다." 강원도 원주 뮤지엄 산에서 열리고 있는 개인전 '안도 타다오-청춘'을 위해 한국에 온 건축가 안도 타다오가 꺼낸 말이다. 이 말에는 뮤지엄 산이 세워진 역사가 담겨있다. 뮤지엄 산은 고 이인희 한솔그룹 고문이 안도에게 설계를 맡겨 장기간의 공사 끝에 2013년에 개관한 곳이다. 당시 이 고문은 "서울에서 2시간 걸리는 곳에 누가 찾아가겠느냐"는 의견들에 흔들리지 않고 안도가 구상하는대로 건축이 진행될 수 있도록 총력 지원했다.

자신이 만든 뮤지엄 산에서의 개인전

2023년 개관 10주년을 맞아 뮤지엄 산에서 개인전을 열게 된 안도는 "이제는 연 20만 명이 오는 뮤지엄 산은 계속 성장할 것"이라며 "이인희 고문의 예측이 맞았다"고 말했다. 안도 전시회를 보러 간 김에 광활한 산자락에 들어선 뮤지엄 산 투어도 할 수 있으니, 하루 시간을 내서 천천히 둘러보면 일거양득이 될 수 있다.

'청춘' 전시회장은 안도 타다오의 건축 세계를 전체적으로 파악할 수 있는 250여점의 작품들을 건축물 모형, 스케

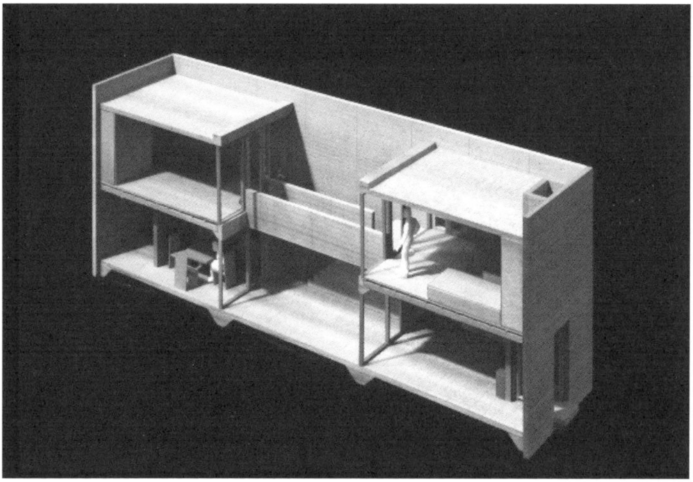

스미요시 주택 ©뮤지엄 산

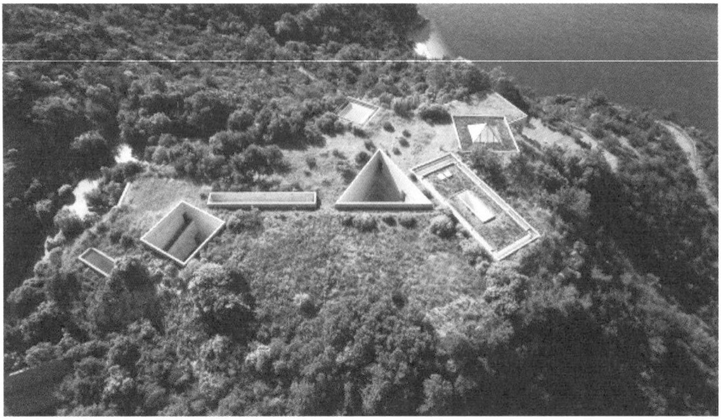

나오시마 프로젝트 ©뮤지엄 산

치, 설계도면, 건물 영상 등의 다양한 형태로 보여준다. 사람과 자연이 만나도록 만들어진 스미노시 연립주택, 경사 60도의 산기슭 땅에 지어진 롯코 집합주택, 환경 훼손으로 버려진 외딴섬을 예술의 섬으로 탈바꿈시킨 나오시마 프로젝트, 자연을 껴안은 유명한 건축물 '물의 교회'와 '빛의 교회' 등 안도의 대표작들이 망라되어 있다.

안도 타다오는 '개인으로서의 인간'을 중심에 놓는 철학을 가진 건축가다. "건축이란 본디 인간이 생활하기 위한 출발점이어야 한다. 그런 건축이 상품화되면 인간은 풍토와 멀어지고 만다. 그런 흐름은 인간 정신의 붕괴와 직결되는 길이다." (『안도 타다오의 도시방황』) 안도는 효율이나 합리성이라는 이름 아래 개인을 소홀히 여기는 획일성을 비판하고 자아를 가진 개인을 중요시해야 함을 강조한다.

'개인으로서의 인간'을 중심에 놓았던 건축 철학

17세기 들어 이성적 세계관을 앞세운 근대의 이념이 탄생했지만, 인간의 생활을 더욱 풍요롭게 하려던 처음의 목적은 망각되고, 인간은 방치되고, 사물은 수량으로 헤아려지고, 사회는 관리하기 쉬운 대상이 되었다. "나는 '개個'로부터의 발상을 소중히 하고 싶다. 풍요로운 개인이 풍요로운 가족, 지역, 국가, 세계를 만들어 간다는, 당연하다고도 할 수 있는 생각을 나는 믿고 있다. 그리고 근대의 틀에 담기지 않는 개인이 가진 직감이나 몽상, 광기야말로 건축에 생명을 불어넣고, 그곳에 사는 사람에게 활력을 준다고 생각한다." (『안도 타다오: 안도 타다오가 말하는 집의 의미와 설계』)

안도 타다오를 세계적으로 유명하게 만든 스미노시 연립주택(1975)도 그런 철학의 산물이다. 도시의 좁은 대지 위에 만들어진 스미노시 연립주택은 대지를 3등분하여 중앙부를 중정(내부의 뜰)로 만들어 외부로 개방했다. 집의 가운데 지붕이 없으니 비가 오면 우산을 받고 화장실을 가야 하고 내부의 동선이 단절되었다는 비판도 나왔다. 그러나 대지의 3분의 1을 차지하는 중정이야말로 숨쉬는 주거의 심장이며, 주거를 의지를 가진 개인의 도시 아지트로 성립시킨다는 것이 안도의 생각이었다.

그 뒤로도 안도는 '도시 게릴라 주거'라고 불리는 작은 주택들을 만들면서 개인의 개성이 드러나는 주택들을 짓고자 했다. 그가 주택을 지으면서 언제나 생각했던 것은 '자아를 지닌 개인이 어떻게 하면 일상생활 속에서 자신다운 삶을 획득해 나갈 수 있을까'라는 것이었다. 그가 만들고자 했던 주택은 지은 사람이나 사는 사람의 꿈을 강하게 느낄 수 있는 집이었다.

건축에도 인생에도 빛과 그늘이 있다

안도 타다오의 건축은 노출 콘크리트, 물과 빛의 조화 속에서 이루어지곤 한다. 우선 안도는 재료 특유의 질감을 날것 그대로 표현하는 노출 콘크리트를 사용해서 콘크리트 벽이 주는 강하고 무거운 느낌을 전해준다. 국내에 지어진 뮤지엄 산, 본태박물관, LG아트센터 등에서도 어김없이 노출 콘크리트의 벽이 던져주는 내면의 힘을 읽을 수 있다.

홋카이도에 만들어진 '물의 교회'(1985~1988)는 교회가 물 속에 들어간 느낌을 준다. 안도는 자연적인 시냇물을 인공 호수로 바꾼 뒤 이를 배경으로 기하학적 형태의 교회를 세웠다. L자형 벽이 건물 본체와 인공호수를 둘러싸면서 교회로 인도한다. 예배당의 세 면은 노출 콘크리트로, 나머지 한 면은 유리창으로 되어있다. 예배당 안에서는 유리창을 통해 물과 자연의 풍경을 조망할 수 있다. 물 한가운데 세워져 있는 십자가는 마치 호수 밑에서 치솟아 오르고 있는 거대한 십자가를 연상시킨다.

오사카의 '빛의 교회'(1987~1989)는 빛과 어둠의 두가지 요

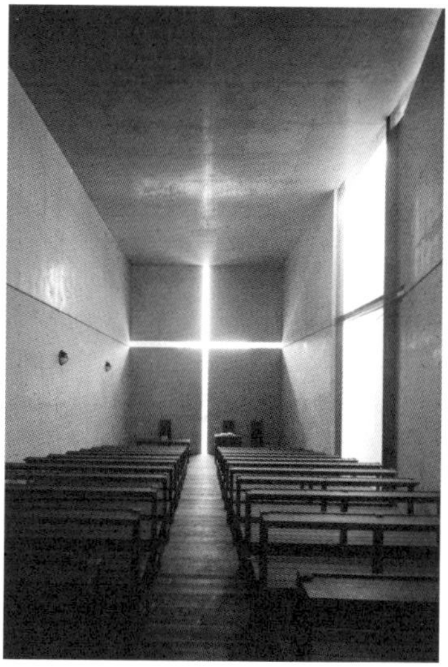

빛의 교회 ©뮤지엄 산

소를 통해 숭고한 분위기를 자아내고 있다. 예배당 정면에 있는 벽에는 십자가 모양의 가늘고 긴 구멍이 뚫려있다. 이 틈새로 외부의 빛이 들어오니 마치 십자가 모양이 된다. 예배당 안의 어둠 속에서 드러나는 빛의 십자가는 눈부시고 장엄하다. 안도 타다오의 건축물에서 빛과 어둠은 함께 하는 요소들이다.

안도 타다오에게 빛과 그늘은 건축에 관한 얘기만이 아니라 인생에 관한 얘기이기도 하다. "건축 이야기에는 반드시 빛과 그늘이라는 두 측면이 있다. 인생도 마찬가지이다. 밝은 빛 같은 날들이 있으면 반드시 그 배후에는 그늘 같은 날들이 있다." (『나, 건축가 안도 타다오』) 자기 삶에서 '빛'을 구하고자 한다면 먼저 눈앞에 있는 힘겨운 현실이라는 '그늘'을 제대로 직시하고 그것을 뛰어넘기 위해 용기있게 전진할 일이라는 것이 그의 얘기이다.

'영원한 청춘' 안도 타다오의 삶

사실 안도 타다오는 건축물들도 비범하지만, 인생을 사는 데 있어서 배울 점이 많은 인물이다. 청년 시절 복싱을 하면서는 "철저히 혼자서 싸우지 않으면 안 되는 고독감은,

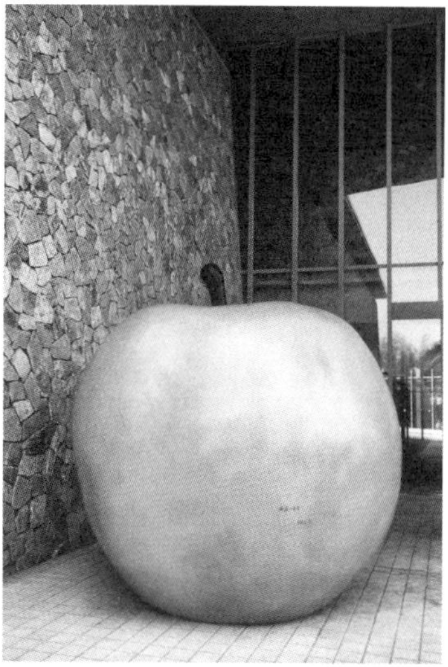

전시장 입구에 설치한 푸른 사과 형태의 조각
'청춘' ©김경주

이후 내가 창조를 하는 데 있어 밑거름이 됐다"고 회고한다. 건축가가 되기로 결심하고는 모았던 돈을 다 털어 여러 나라의 건축을 공부하기 위한 세계여행을 떠났다. 안도는 어려운 일이 닥칠 때에도 결국에는 혼자 극복해야 한다고 믿는다. 강하지 않으면 혼자 살아갈 수 없다는 생각을 갖고 그는 오늘까지 왔다. (후루야마 마사오 『안도 타다오』)

뮤지엄 산 전시장 입구에 가면 안도 타다오가 직접 만든 푸른 사과 조형물이 눈에 띈다. 그 사과에는 일본어로 '영원한 청춘'이라고 쓰여있다. 안도가 자주 인용하는 시인 새뮤

얼 울만의 말이 있다. "사람은 나이가 들면서 늙지 않는다. 머리를 높이 올려 희망의 물결을 파악할 수 있는 한 80세일지라도 사람은 청춘으로 산다." 암 때문에 5개의 장기를 적출한 81세의 노장 안도 타다오. "장기가 5개 없이도, 또 저처럼 학력이 없어도 청춘을 유지하며 살아간다는 것을 보여드리고 싶다"고 말한다. 그러니 그는 '영원한 청춘'이다.

마우리치오 카텔란전,
웃을 것인가 슬퍼할 것인가

리움미술관의 카텔란전 〈우리(WE)〉

2011년 11월 뉴욕 구겐하임 미술관에서 마우리치오 카텔란의 회고전 '모두ALL'가 열렸다. 128점의 작품 모두가 건물 안에 뻥 뚫린 원형 홀의 로툰다에 주렁주렁 매달렸다. 밧줄에 들려 매달린 작품들은 마치 교수대에 오른 것 같은 모습들이었다. 구겐하임 수석 큐레이터였던 낸시 스펙터는 "전체적으로 설치물은 대량 처형처럼 보이며 그 자체로 중요하고 비극적인 예술 작품을 구성한다"고 설명했다. 큐레이터 프란체스코 보나미는 "최후 심판의 날 천국으로 올라가는 영혼들" 같다고도 했다.

구겐하임 전시회는 화제를 낳는 데는 어김없이 성공했지

만, 실패했다는 비평들도 있었다. 공중에서 내려온 많은 밧줄들 때문에 작품을 제대로 볼 수도 집중할 수도 없었기 때문이다. 하지만 카텔란은 이렇게 의미를 부여했다. "편집하지 않는 민주적인 방식이다." 중요한 작품의 권위는 박탈당했고 주목받지 못하던 작품들은 승격되었다는 얘기였다.

한 시대의 좌절과 절망

구겐하임 전시회에서 카텔란은 전격적으로 은퇴를 선언해서 사람들을 깜짝 놀라게 만들었다. 언제부터인가 자신이 자기 작품들을 복제하고 있다는 생각이 들어서 이제 떠나야겠다는 설명이었다. 아쉬워하는 사람들도 많았지만, 카텔란은 쇼에 능하다고 여기는 사람들은 농담처럼 받아들이기도 했다. 아니나 다를까. 5년 뒤에 카텔란은 파리에서 화려한 복귀 전시회를 가졌다. 그래서 우리도 서울 리움에서 카텔란전을 볼 수 있게 된 것이다.

많은 비평가들과 언론은 카텔란의 작품들에 나타나는 웃음의 코드를 부각시켜 그를 악동, 장난꾸러기, 익살꾼, 문제아 같은 용어로 부른다. 그러나 그의 작품들은 가볍지도 않고 웃음을 주기 위한 것도 아니다. 카텔란의 작품들에는 삶과 죽음 사이에 있는 슬픔이 짙게 드리워져 있다.

리움미술관 입구와 로비에 설치된 노숙자를 거쳐 주 전시장에 입장하면 천장에 매달려 축 늘어진 말의 사체가 강렬하게 시선을 모은다. 이탈리아어로 20세기를 뜻하는 '노베첸토'(1997)다. 역사와 신화 속에서 말은 빠르고 용맹스러운 위용을 가진 동물이었다. 그리스 로마 신화에서 신들은 힘찬 말들이 이끄는 마차를 타고 이동했다. 『오딧세이아』에서 아킬레우스가 헥토르와 결투를 할 때 빠르고 죽지 않는 말 크산토스와 발리우스를 탔다. 그랬던 말이 공중에 매달려

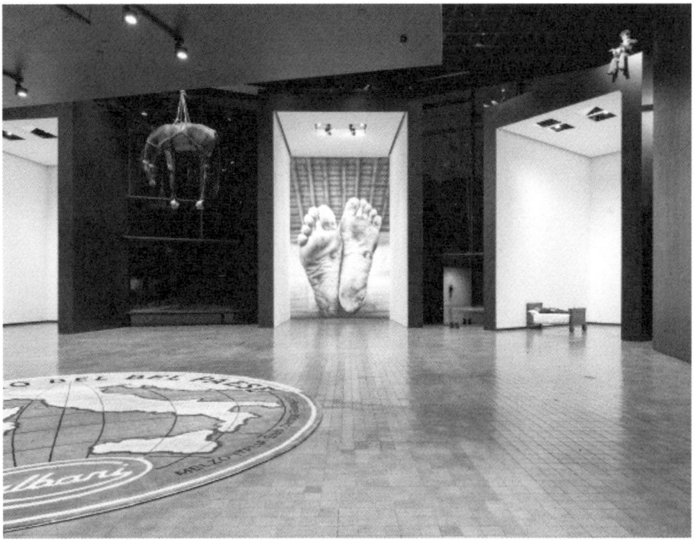
이탈리아어로 20세기를 뜻하는 '노베첸토', 1997, ©Courtesy of Maurizio Cattelan/사진 김경태

처연하게 죽어서 고개를 떨구고 있는 모습은 한 시대의 좌절과 절망을 의미한다.

권위를 해체시키는 카텔란의 풍자

빨간 카펫 위에서 운석에 맞아 쓰러진 교황은 십자가 지팡이를 악착같이 꽉 쥐고 놓지 않으려고 안간힘 쓰고 있다. ('아홉 번째 시간', 1999) 원래 '아홉 번째 시간'은 예수가 숨을 거둔 시간을 말한다. 관람자의 시선에 따라 의미는 다의적이다. 단테의 『신곡』 '지옥'편에서 벌받고 있는 교황처럼 탐욕을 부리다가 심판을 받은 모습일 수도 있다. 운석에 맞았으면서도 어떻게든 버티는 교황의 모습은 생에 대한 강인한 의지일 수도 있다. 우리를 구원의 길로 인도해줄 것으로 믿었던 교황이 전시장 한복판에 쓰러져 있는 장면은 어쨌든 슬프다. 종교에 대한 불신이 강했던 사람이라면 권위가 해체된 광경을 보면서 속 시원함을 느낄지도 모르겠다.

미술비평가 세라 손튼의 설명처럼 '죽음'은 카텔란의 작업 전체를 관통하는 주제다. 전시장 곳곳에서 죽음의 형상들이 이어진다. 시신 9구가 흰색 천에 덮여 누워있는 모습의 조각 작품 '모두'(2007)가 주는 느낌은 숨이 막힐 정도로 강

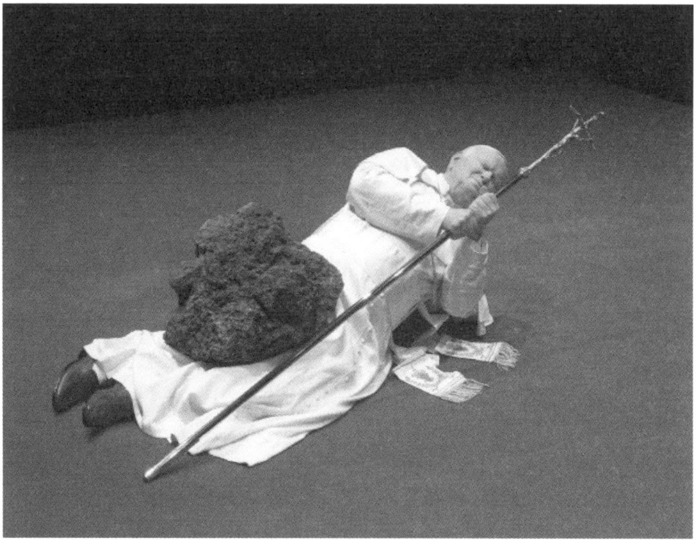

아홉 번째 시간, 1999, ©Courtesy of Maurizio Cattelan/사진 김경태

렬하다. 역사에는 그런 집단적 죽음들이 너무도 많았다. 카텔란은 이 작품 전시를 결정할 때 우크라이나 전쟁을 생각했다고 말했다. 한국에서 이태원 참사가 있기 전이었다고 한다. 그럼에도 세월호 참사, 이태원 참사 같은 비극적이고 집단적인 죽음을 겪은 우리는 바로 이곳에서의 죽음을 담은 것으로 느끼게 된다. 카텔란이 무엇을 생각했는가 보다 내가 무엇을 떠올리는가가 중요하다. 카텔란은 관람객에게 "절대 아티스트의 얘기를 듣지 말라, 당신이 본 것을 토대로 스스로 해석하라"고 주문한다. "작품이 끝나면 작가는 죽어야 한

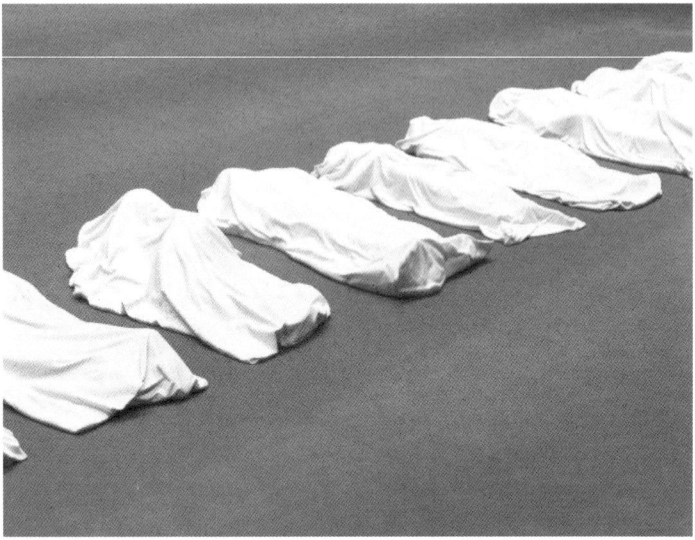

모두, 2007, ©Courtesy of Maurizio Cattelan/사진 김경태

다, 화자話者는 자기 작품을 해석해서는 안 된다"(『장미의 이름 작가 노트』)고 했던 움베르트 에코의 말과 같은 의미이다. 카텔란의 작품 제목에 '무제'가 많은 이유일 것이다.

히틀러를 무릎 꿇게 만든 카텔란

히틀러가 무릎 꿇고 있는 '그'(2001)는 관람객으로 하여금 그런 고민을 하게 만드는 작품이다. 뒤에서 보면 영락없는

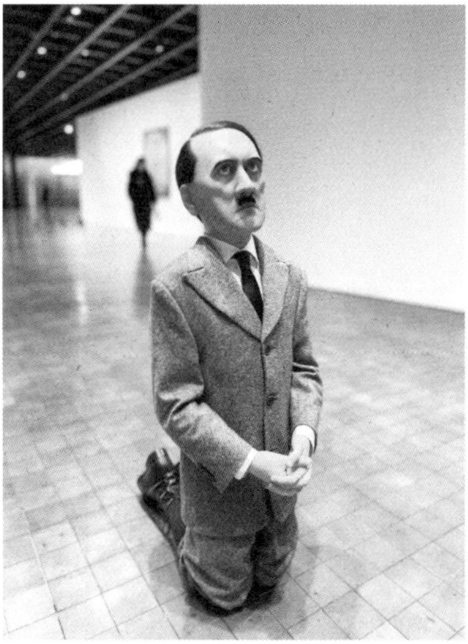

그, 2001, ©여성신문 이세아

소년인데 앞으로 가서 누구인가 얼굴을 보니 홀로코스트의 주범 히틀러다. 끝내 반성하지 않고 에바 브라운과 동반자살한 히틀러가 용서를 비는 모습을 보니 후련하다는 사람들도 있다. 하지만 그가 올려다보는 시선이 어쩐지 불편하다. 용서를 비는 것인지 조롱하는 것이지 분간이 되지 않는다. 관람객은 무릎 꿇은 히틀러 앞에서 잠시 혼란스러움을 느끼게 된다. 실제로 바르샤바에서 이 작품이 전시되었을 때 희생자들을 조롱한다며 유대인 단체들이 항의 시위를 하기도 했다. 그냥 히틀러의 우스꽝스러운 모습을 웃고만 지나갈 작품은 아니다.

장례복을 입고 침대에 누워 허공을 바라보는 두 명의 카텔란('우리' 2010)은 섬뜩한 느낌을 준다. 검은 장례복을 입었는데 눈은 뜨고 있고, 한 명의 카텔란은 관람객을 쳐다보고 있다. 죽음을 떠올리는 작품들에서도 이렇게 카텔란 자신이 등장한다.

카텔란은 어린 시절 가난한 집안 형편 때문에 이것저것 고생스러운 일들을 많이 했다. 꽃집이나 세탁소에서 배달도 하고 장례식장에서 잡일도 했다. 전시장 구석에 있는 '찰리는 서핑은 안 하잖나'(1997)도 그런 어린 시절의 기억이 담겨 있는 작품이다. 양손에 연필이 못처럼 박혀서 책상을 떠날 수 없는 학생이 등을 돌리고 앉아있다. 멀리서 보면 연필이 박혀있는 손이 보이지 않는다. 가까이 다가가 책상 위를 살펴봐야만 처참한 상황이 이해된다. 학교에 적응하기 어려웠던 카텔란 자신의 모습이라는 해석도 있고, 카텔란이 학창 시절 동급생을 괴롭힌 자기 모습을 담은 것이라는 얘기도 있다. 마침 드라마 '더 글로리', 정순신 전 국가수사본부장 아들의 학교폭력 전력 논란이 있은 시점인지라 그렇게 책상에 앉아있는 찰리(카텔란)의 모습은 오랫동안 뇌리에 남는다. 카텔란은 자기 삶의 경험들을 종종 작품에 담는다. 그런 작품들이 눈길을 사로잡는 이유는 개인만이 아닌 우리의 공감을 낳기 때문이다.

현실이 카텔란보다 더 자극적이다

카텔란은 한 인터뷰에서 이런 말을 했다. "현실이 내가 만든 예술보다 더 자극적이라고 생각한다. 내가 만들어낸 가짜 노숙자 말고, 길을 걸으며 현실의 노숙자를 만나보셔야 한다."(〈W Korea〉 2023. 2. 26.) 우리는 리움미술관에 설치된 카텔란의 작품들을 보면서 놀랐지만, 사실 우리가 살고 있는 현실은 이미 그보다 더 놀라운 것일지 모른다. 우리가 애써 시선을 다른 곳으로 향하고 있었을 뿐이다. 카텔란은 "나는 예술이 불편해야 하며, 그렇지 않다면 보기 좋은 디자인 제품에 불과하다고 생각한다"(〈동아일보〉 2023. 2. 8.)고 말한다. 그러니 나를 불편하게 만드는 장면들을 기어코 마주치게 했다고 불만스러워한다면, 당신은 카텔란에게 진 것이다.

리움미술관의 카텔란전 〈우리WE〉는 예매 경쟁이 뜨거웠다. 12년 전 구겐하임 전시회 '모두ALL'의 입장료는 성인 기준 18달러였다. 리움미술관 전시회는 무료였다. 그렇게 좋은 기회인데 예매 사이트로 들어가지 않을 이유가 없었다.

가우디를 경멸했던 피카소, 여인들에게 잔인했던 화가의 예술적 성취

정작 가우디는 고생했고 피카소는 화려하게 살았다

지난해 스페인 여행을 다녀왔다. 바르셀로나에 도착해서 제일 먼저 시작한 것이 '가우디 투어'였다. 1926년에 사망한 건축가 안토니오 가우디는 이제 바르셀로나를 상징하는 인물이다. 까사 바트요, 까사 밀라, 구엘 저택, 구엘 공원 등 가는 곳마다 가우디의 건축물들을 관람하려는 관광객들이 가득했다. 특히 141년째 공사가 계속되고 있는 사그라다 파밀리아 성당은 가우디의 독창적인 건축술이 낳은 아름다움이 장관이었다.

'부자들의 건축가'라고 가우디를 비난했던 피카소

그렇게 바르셀로나는 가우디의 도시였다. 가우디가 카탈루냐 지역에서 유명세를 타며 건축을 할 수 있었던 데는 구엘이라는 후원자의 역할이 컸다. 그런데 구엘 같은 부자들의 요청에 따라 건축을 한 가우디를 경멸한 사람이 있었으니 그가 같은 시기를 살았던 화가 파블로 피카소였다.

피카소가 20대 초반에 그린 펜화 '기아Hunger'는 가우디에 대한 조롱을 담고 있다. 그림의 왼쪽 앞에는 아기를 안고 있는 가족이 보이고, 언덕 위에는 턱수염에 허름한 옷을 입

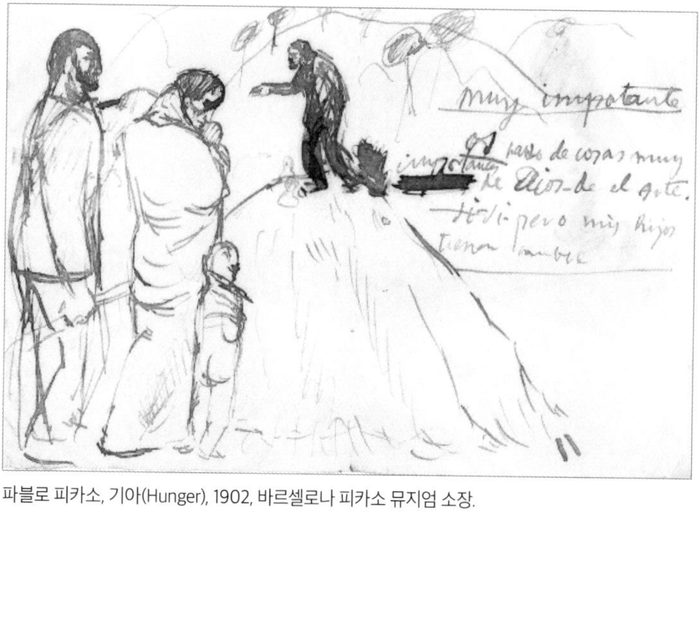

파블로 피카소, 기아(Hunger), 1902, 바르셀로나 피카소 뮤지엄 소장.

고 대중에게 설교하는 남자 건축가가 있다. 건축가는 말한다. "저는 지금 여러분에게 매우 중요한 하느님과 예술에 대해 말하려 합니다." 배가 고파 눈빛이 흐려진 아버지는 이렇게 말한다. "네, 원한다면 하느님과 예술에 대해 말씀하십시오. 그런데 제 자식들은 지금 배가 고프답니다."

좌파였던 피카소의 눈에 가우디는 부자들의 집만 짓는, 부자들을 위한 건축가였다. 마침 가우디가 호화롭게 건축한 구엘 저택 바로 앞에 피카소가 살았으니, 그런 호화 저택을 볼 때마다 가우디가 못마땅했을 법하다. 피카소는 한 친구에게 보낸 편지에 이렇게 썼다. "만일 오피소(가우디의 제자)를 보거든 가우디와 성가족 대성당을 모두 지옥에 보내달라고 해."

건축을 위해 고생하며 청빈하게 살았던 가우디

그런데 정작 가우디는 일생 동안 건축을 위해 고생을 많이 했다. 교회로부터 공사비를 제대로 받지도 못했고 늘 공사비를 조달하기 위해 뛰어다녀야 했다. 말년에는 부자들을 위한 건축물은 짓지 않고 사그라다 파밀리아 성당 건축에 모든 것을 쏟았다. 가우디에게 이 성당의 건축은 악한 세상에서 윤리를 세우는 종교적 권위를 갖는 성전을 만드는 일이었다.

그런 가우디는 74세 때 걸인 차림으로 길을 가다가 전차에 치여 사흘 후에 사망한다. 누구도 그런 거지 차림의 사람이 가우디인줄 알지 못했다. 가우디는 뒤늦게야 치료를 받았지만 세상을 떠나게 된다. 가우디의 마지막은 그렇게 고독했다. 연애 한번 제대로 못하고 독신으로 살았고 너무도 독창적인 탓에 '괴짜' 취급을 받으며 사람들로부터 그리 많은 사랑을 받지는 못했다. 가우디의 전기 작가였던 라폴스는 "가우디는 카타르시스적인 고난과 고통을 인내하며 청빈하게 살았다"며 '그리스도인의 모범'이라고 가우디를 칭송했다.

피카소의 인생은 여성 편력으로 점철

반면 젊은 시절 가우디를 그렇게도 비난했던 피카소의 인생은 유난스럽고 화려했다. 피카소는 수많은 여성 편력을 드러낸 희대의 바람둥이였다. 흔히 피카소의 '일곱 여인'을 꼽지만, 법적인 부인은 올가 코클로바와 자클린 로크 두 여성뿐이었다. 첫번째 부인 올가는 피카소가 마리 테레즈와 바람을 피우고 임신까지 했다는 사실을 알고는 이혼 소송에 들어갔다.

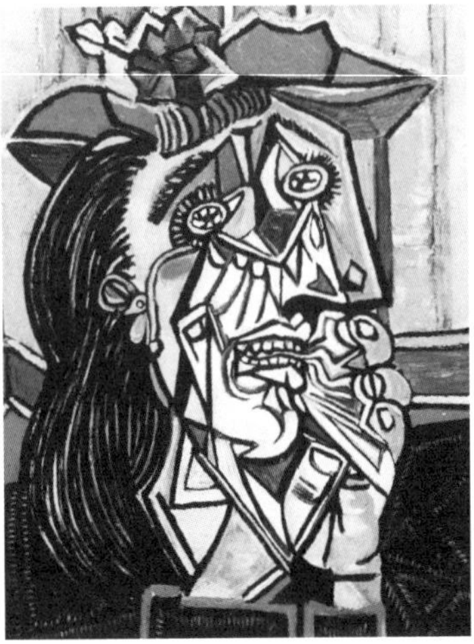

피카소, 우는 여인, 1937년, 영국 테이트모던 미술관 소장. (피카소의 다섯번째 연인 도라 마르의 고통받는 모습을 그린 작품.)

그러나 피카소는 재산을 분할하고 양육비를 주는 상황을 피하려 했고, 그래서 올가는 암으로 사망할 때까지 오랜 세월 법적으로는 부인으로 붙잡혀 있어야 했다. 피카소와 올가의 손녀 마리나 피카소는 『나의 할아버지 피카소』라는 책에서 할아버지에 대한 원망을 쏟아냈다. "나의 가족은 저 천재가 쳐놓은 덫에서 한순간도 벗어날 수 없었다. 그는 자신의 작품 하나하나를 완성해나가는 데 타인의 피를 필요로 했다. 나의 아버지, 오빠, 어머니, 할머니의 피와 나의 피, 그리고 한 인간을 사랑한다고 여기며 피카소를 사랑한 모든 이들의 피를."

피카소가 마리 테레즈와 연인관계일 때 사귄 도라 마르는 피카소를 향해 이런 말을 남기기도 했다. "당신은 화가로서는 비범할지 모르지만 도덕적으로 말하자면 쓰레기야." 피카소는 다섯번째 연인이자 뮤즈였던 도라를 9년 동안 만나면서 그녀의 초상을 60여점이나 그렸다. 잘 알려진 '우는 여인'도 도라를 그린 것이었다. 피카소는 "나에게 그녀는 우는 여인이었다. 몇해 동안 나는 그녀를 고통받는 모습으로 그렸다"고 했다. 하지만 도라는 이렇게 말했다. "나에 대한 모든 초상은 거짓이다. 그것은 피카소가 만들어낸 피카소의 모습이지, 단 한 점도 내 모습이 아니다." 자존심이 강했던 도라는 자기를 그린 피카소의 그림들을 가학적인 조롱으로 받아들였던 모양이다. 그녀에게 피카소는 쓰레기 같은 존재였다.

공산당원이었던 피카소의 모순적 삶

피카소가 62세에 만난 여인이 21세의 프랑수아즈 질로였다. 당시 피카소는 부인 올가와 법적으로 별거 상태였고 마리와 동거하다가 다시 도라를 사귀고 있었다. 피카소와 아들 딸 낳고 살면서 10년의 세월을 함께한 프랑수아즈였지만, 피카소의 바람기와 구타에 분노하여 그를 떠난다. 그 뒤 프랑수아즈는 피카소의 사생활을 폭로한 『피카소와 함께한 삶』을 출판하여 피카소의 격분을 샀는데, 피카소는 소송을 제기했지만 패소하고 만다. 그래도 피카소는 프랑수아즈가 낳은 자식들을 유산 상속에서 제외시키는 복수를 했다. 피카소와 관계를 맺었던 많은 여인들이 우울증, 자살 등 비참한 나락으로 빠졌다. 반전 작품 '게르니카' 등을 그리며 전쟁의 폭력성을 고발하던 피카소였지만, 정작 자신은 여인들에게 잔인한 삶을 살았다. 모순덩어리의 삶이다.

그렇다고 피카소가 과대포장된 '난봉꾼'은 아니었다. 그림을 그리는 일에 대해서는 성실하기 이를 데 없는 '일벌레'였다. 평생 5만여점의 작품을 남긴 피카소는 평소 "나는 일을 할 거야. 일을 해야 해"라는 말을 습관처럼 했다. 마지막 부인이었던 자클린은 "피카소에게 일은 숨쉬는 공기만큼이나 필요한 것이었다"고 회고했다. 피카소는 그림에 대해서는 늙어서까지도 성실한 인물이었다.

피카소가 죽을 때까지 공산당원이었다는 사실을 아는 사람은 많지 않다. 그는 반전운동을 하면서 '게르니카'와 '한국에서의 학살'로 전쟁의 참상을 고발했다. 그런데 스탈린이 사망하자 추모의 초상화를 프랑스 공산당 기관지에 실었지만, 스탈린을 이상하게 그렸다는 이유로 공산당의 격렬한 반

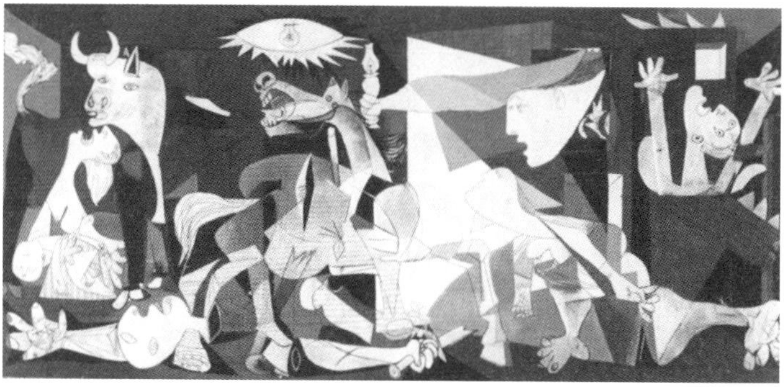

파블로 피카소, 게르니카, 1937, 마드리드 레이나 소피아 국립미술관 소장. (게르니카 폭격의 참상을 담은 이 그림의 왼쪽과 오른쪽의 여인은 피카소의 연인이었던 도라 마르와 마리 테레즈로 해석되고 있다.)

발을 샀다. '한국에서의 학살'은 평론가들로부터는 공산당의 사주를 받은 작품이라는 비판을 받았고, 공산주의자들로부터는 학살의 주체를 모호하게 그렸다는 비판을 동시에 받아야 했다. 피카소는 종종 공산당과 불협화음을 빚었지만 죽을 때까지 공산당원이었다.

사람의 일생은 구체적인 삶의 모습으로 평가해야

화가 피카소의 천재성을 부정할 사람은 없지만 인간 피카소의 삶은 논쟁적이다. 예술적 성취에 상관없이 그는 자신이 가까이한 여성들에게 잔인했던 ‘나쁜 남자’였다. 상습적인 불륜과 가학을 반복했던 사람이 좌파운동가였다는 사실은 특히 페미니스트들에게는 상상하기 어려운 면일 것이다. 그렇다고 피카소가 성실한 화가였음을 부인할 수는 없다. 대개의 인간들이 그렇듯이 피카소의 삶에는 서로 다른 여러 측면들이 혼재되어 있다. 우리는 피카소의 여러 얼굴 가운데 어떤 얼굴을 먼저 말해야 하는 것일까. 스페인의 어느 미술관을 가도, 파리의 미술관들을 가도 피카소는 대세였다. 역사는 예술적 성취를 우선하는 모습이다.

다만 가우디가 그런 피카소로부터 경멸 받은 것을 억울한 일이었다. 너무나 독창적이었기에 당대보다는 사후에야 인정을 받았고 고독한 말년을 보냈던 가우디. 그에 비한다면 여인들에게 둘러싸이고 명성과 부를 얻었던 피카소의 삶은 화려했다. 『피카소와 함께한 시간들』의 저자 조르주 타바로는 “과연 피카소만큼 폭넓은 사랑을 받으며 영광을 누린 화가가 있었을까?”라고 반문한다. 공산주의자 피카소의 삶은 화려했고, 부자들의 집을 만들던 가우디의 삶은 고독했다. 묘하지 않은가. 한 사람의 인생에 대한 평가는 구체적인 삶의 모습을 오랜 시간 지켜봐야 비로소 가능한 것임을 두 사람의 엇갈린 삶은 말해주고 있다.

마리 앙투아네트, 두 개의 초상화

〈합스부르크 600년, 매혹의 걸작들〉

2022년 10월부터 2023년 3월까지 국립중앙박물관에서 열린 '합스부르크 600년, 매혹의 걸작들' 전시회가 큰 인기를 끌었다. 이 전시는 합스부르크 왕가가 600년에 걸쳐 수집한 오스트리아 빈미술사박물관 소장품 96점을 선보였는데 회화, 공예품, 갑옷, 태피스트리 등 다양한 작품들이 전시되어 많은 관객들의 호응을 받았다.

루벤스의 공간에 흘러나온 'G선상의 아리아'

대표작으로 홍보된 '흰옷을 입은 마르가리타 테레사 공주' 이외에도 눈앞에서 보는 기쁨을 안겨주는 귀한 작품들이 많다. 루벤스의 작품들을 위한 전시 공간이 따로 마련되어 있었는데 '주피터와 머큐리를 대접하는 필레몬과 바우키스' 앞에 서면 바흐의 'G선상의 아리아'가 흘러나온다. 그림 앞에 마련된 의자에 앉아 바흐를 들으면서, 인간 세상으로 내려온 신들의 살아있는 표정을 찬찬히 들여다보면 더없이 좋다. 요한 카를 아우어바흐의 대작 '마리아 크리스티나 대공의 약혼 축하연'은 웅장하고 화려한 당시 궁정행사의 광경

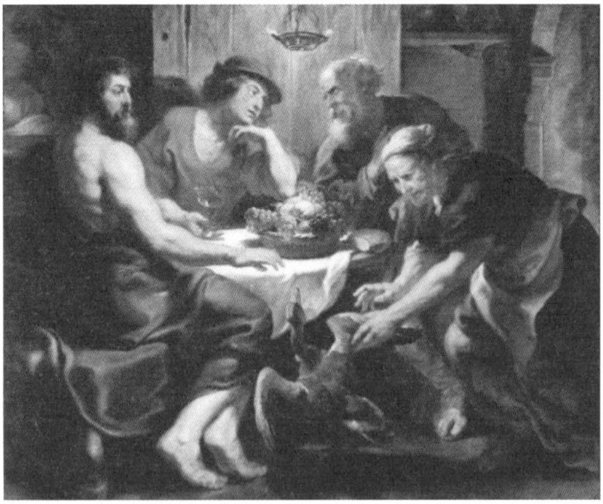

피터르 파울 루벤스 '주피터와 머큐리를 대접하는 필레몬과 바우키스' (1620~1625)

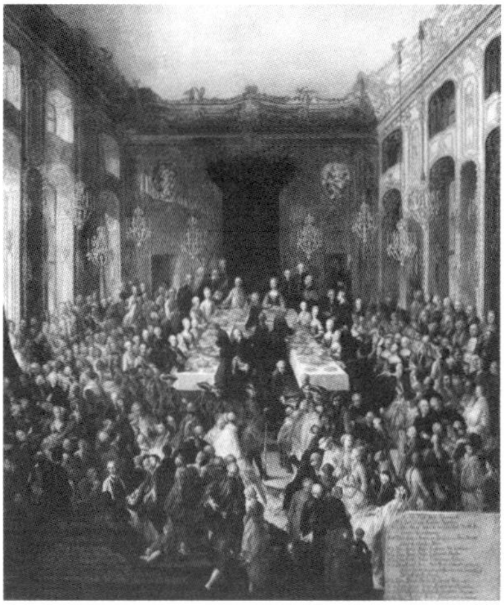

요한 카를 아우어바흐 '마리아 크리스티나 대공의 약혼 축하연' (1773)

을 생생하게 보여준다. 마치 자크 루이 다비드의 '나폴레옹 1세의 대관식'(1805~1807)을 보는 느낌이다.

특히 프랑스혁명에 관심이 많았던 필자의 눈에 들어온 그림은 18세기 프랑스 궁정화가 엘리자베트 비제 르 브룅의 작품 '프랑스 왕비 마리 앙투아네트'. 이번 전시에 초상화가 함께 소개된 합스부르크의 여왕 마리아 테레지아의 막내딸이 마리 앙투아네트였다. 마리아 테레지아는 어린 나이에 결혼해서 프랑스로 간 딸을 성숙한 여인으로 그리고 싶어했다. 그래서 비제 르 브룅을 베르사유궁으로 가게 해서 공주를 직접 보고 그리게 했다. 이 그림은 1778년 작품이니 마리 앙투아네트가 23살 때였다. 그런데 그림에 나오는 왕비는 성숙하고 우아한 패셔니스트의 모습이다. 마리아 테레지아는 이 그림을 보자마자 마음에 들어 딸에게 편지를 썼다고 한다. "네 멋진 초상은 너무 귀엽구나. 리뉴 왕자도 똑 닮았다고 하더라. 아무튼, 네 모습을 보는 것만으로도 대만족이다."

비제 르브룅이 그린 왕비 마리 앙투아네트

그런 찬사가 나오기까지는 화가의 공도 있었다. 『비제 르브룅: 베르사유의 화가』의 저자 피에르 드 놀라크는 왕비의 더 정확한 생김새는 사실에 더욱 충실한 뒤플레시스, 베르트뮐러, 쿠샤르스키가 그린 것들이었다고 설명한다. "그녀는 마리 앙투아네트가 바라던 대로 또 대중의 감정이 보고 싶어하던 대로 이상적인 초상을 그렸다"는 것이다. 당시 마리 앙투아네트를 그린 화려한 작품들이 많았지만 비제 르 브룅의 그림만이 진정한 대중적 인기를 얻은 것으로 전해진다.

왕실에게 흡족한 그림을 그린 비제 르 브룅은 그 뒤로 마리 앙투아네트의 초상화를 계속 그리게 된다. 그런데 비제 르 브룅의 그림들에 나타난 마리 앙투아네트의 모습은 우리가 떠올리던 '악녀'와는 거리가 멀어 보인다.

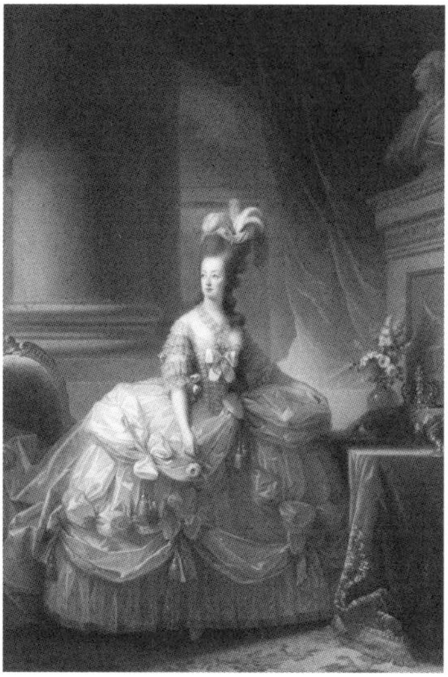

마리 루이즈 엘리자베트 비제 르브룅 '프랑스 왕비 마리 앙투아네트' (1778)

사실 왕비는 온갖 괴담들을 통해 알려진 만큼 악녀는 아니었다. 전기 작가 슈테판 츠바이크가 쓴 『마리 앙투아네트 베르사이유의 장미』에는 프랑스혁명 당시 재판에 넘겨진 왕비를 천하에 몹쓸 인간으로 몰아간 과정이 자세히 소개되어 있다. 심문을 맡은 위원회는 마리 앙투아네트를 여덟 살 반짜리 자기 자식을 성적으로 유혹했던 '색정광'이라는 혐의까지 씌웠다. 그런 터무니없는 말을 이성적인 인간, 정상적인 시대라면 전혀 믿지 않았겠지만, 당시의 혁명적 상황 속에서의 분위기는 그렇지 않았다는 것이 츠바이크의 설명이다. 하지만 혁명은 왕비를 기요틴 위에 세워야 했기에 그녀를 희대의 악녀로 만들었던 것이다.

다비드가 그린 죄인 마리 앙투아네트

마리 앙투아네트에 대한 그림을 얘기하면서 그녀의 마지막 모습을 그린 다비드의 작품을 빼놓을 수 없다. 1793년 10월 호송마차를 타고 형장으로 끌려가던 그녀의 모습을 거리에서 지켜보던 다비드가 순식간에 종이 위에 스케치로 그렸다. 그가 그린 마리 앙투아네트의 모습에서는 이제 아름다움은 사라지고 어느 사이에 일찍 늙어버린 여인의 얼굴이 보인다. 하지만 손을 뒤로 묶인 상태에서도 허리와 고개를 꼿꼿이 세우고 있는 모습에서는 처형당해야 할 죄수의 모습은 찾아보기 어렵다.

이 그림을 그린 다비드는 평생 권력을 쫓아 그 입맛에 맞는 그림을 그렸던 화가였다. 역시 죄수 호송마차를 탄 당통은 다비드를 발견하고는 "못된 종놈 근성 같으니"라고 경멸의 욕설을 퍼부을 정도였다고 한다. 츠바이크의 표현대로 "혁명 중에는 폭군의 적대자였던 그(다비드)는 새 독재자가 나타나자 제일 먼저 방향을 돌려 나폴레옹의 대관식을

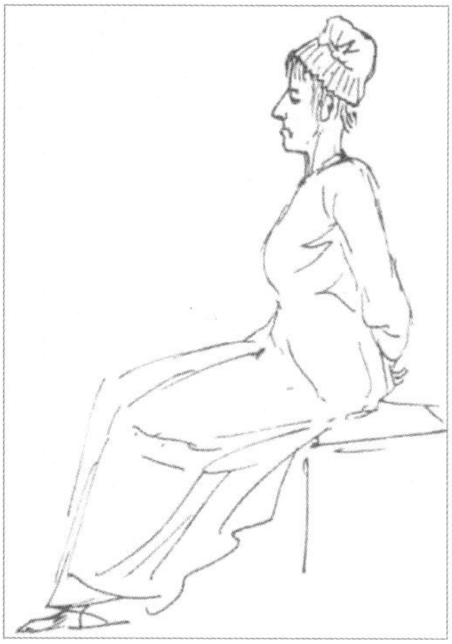

자크 루이 다비드 '마리 앙투아네트 최후의 초상' (1793)

그렸던" 인물이었다. 그러니 다비드가 처형당하러 끌려가는 마리 앙투아네트의 모습을 일부러 의연하게 그렸을 이유는 없다.

마리 앙투아네트는 생의 마지막 순간까지 왕비로서의 자존심을 지키고자 했다. 그녀가 마지막 순간까지 생에 대해 구차하지 않았음은 전해진 각종 일기와 편지들을 통해서도 알 수 있다. 마리 앙투아네트는 1792년 8월 14일 탕플 탑 감옥에 갇혀 쓴 일기에서 이렇게 말한다. "만약 나의 아이들이 없다면, 내가 어떤 상태가 될지 나도 모르겠다. 하지만 나는 죽는 날까지 내가 아니라 나의 아이들을 위해 이 길고 고통스러운 운명을 감수할 것이다.” (뱅자맹 라콩브 『마리 앙투아네트 왕비의 비밀 일기』)

역사 속 인물을 그리는 다양한 시선

종종 구전口傳이나 텍스트보다 그림이 역사적 사실들을 제대로 알려줄 때가 있다. 물론 같은 인물이 화가들의 시선에 따라 다양한 모습들로 그려진다. 그 여러 시선이 모이고 합해져 비로소 한 사람에 대한 전체적인 모습이 유추되는 것 아닐까. 본래 역사 속의 한 인물에 대한 평가도 그런 것일지 모르겠다. 어쩌면 츠바이크의 다음과 같은 얘기가 마리 앙투아네트에 대한 가장 평균적이고 사실에 근접한 평판일 것 같다. “마리 앙투아네트는 왕권주의의 위대한 성녀도 아니었고, 혁명의 매춘부도 아니었으며, 중간적인 성격에 유난히 영리하지도 유난히 어리석지도 않으며, 불도 얼음도 아니고, 특별히 선을 베풀 힘도 없을뿐더러 악을 행할 의사 또한 없는 평범하기 그지없는 여인일 뿐이었다.” (『마리 앙투아네트 베르사이유의 장미』)

서울의 박물관에 걸린 마리 앙트아네트에게서는 사치와 허영에 눈먼 왕비의 모습도, 어린 아들을 유혹한 성도착자의 모습도 찾아볼 수 없었다. 화가가 그렇게 그려준 덕분일 수도 있겠지만, 원래부터 사실은 그랬을 것이라는 생각이 들었다. 세월은 많이 흘렀지만 그녀의 초상화 앞에 서서 연민과 미안한 마음을 전했다. '혁명이란 원래 그런 것이야'라는 소리는 차마 입 밖에 낼 수가 없었다.

4부

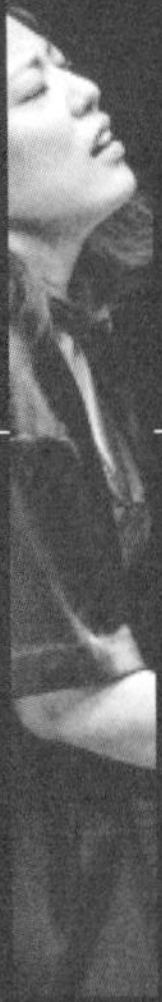

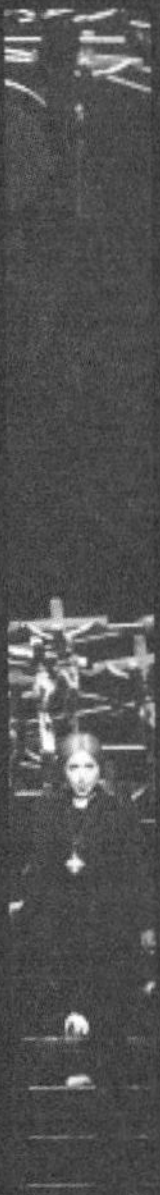

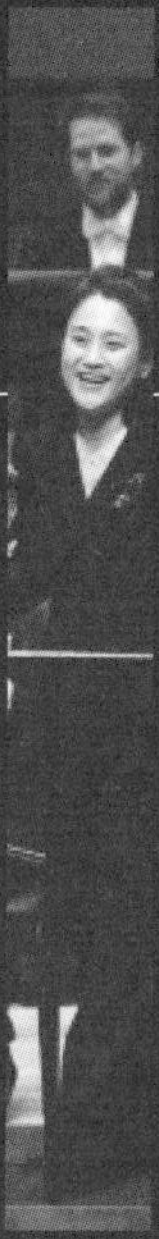

슬픔조차
아름답게
들리는 선율

사랑과 평화를 갈구했던 노르마의 비극적 자기 심판

벨리니의 오페라극 〈노르마〉

"내가 탄 배가 난파한다면 다른 오페라는 그냥 두더라도 〈노르마〉만은 구해내려고 애쓸 것이다." 이탈리아 오페라 작곡가 빈첸초 벨리니(1801~1835)는 자신의 작품들 가운데서 〈노르마〉를 첫손가락으로 꼽았다. 벨리니는 유려한 선율로 가에타노 도니체티, 조아키노 로시니와 함께 아름다운 목소리를 추구하는 벨칸토 오페라의 중심적인 작곡가로 평가받던 인물이었다. 그런 벨리니를 대표하는 오페라극 '노르마'가 국내에서는 14년만에 지난해 10월 26일부터 29일까지 예술의 전당 오페라극장에서 공연되었다. 더구나 영국 로열오페라하우스 프로덕션 제작이라 관심을 모았다.

'오페라의 역사를 바꾼 작품'

흔히 '오페라의 역사를 바꾼 작품'이라는 소리를 들으면서도 〈노르마〉 공연을 관람할 기회는 쉽게 찾아오지 않는다. 무엇보다 고음역대의 노래들을 소화해낼 소프라노를 찾는 일이 쉽지 않기 때문이다. 〈노르마〉는 일찍이 마리아 칼라스를 '불멸의 디바'라고 불리게 만든 작품이기도 하다. 칼라스는 〈노르마〉의 어려운 고음역대를 아름다운 품격의 목소리로 부르는 탁월한 기량을 과시하여 찬사를 받았다. 칼라스가 부르는 '정결한 여신'을 듣고 있노라면 그녀가 바로 '정결

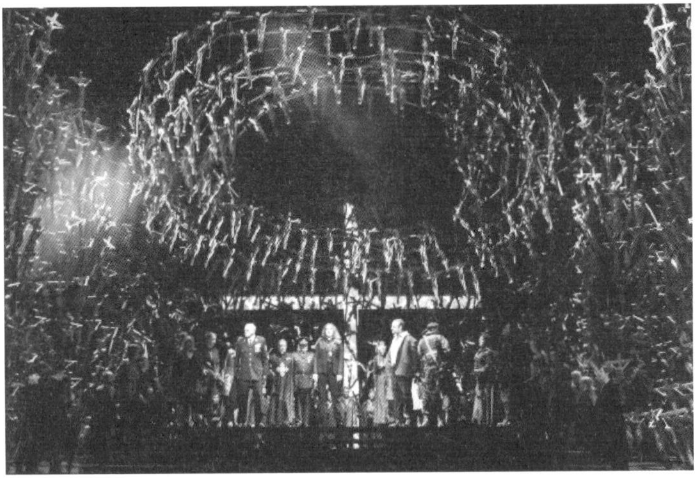

ⓒ예술의전당

한 여신'일지 모른다는 생각이 들 정도이다. 칼라스의 열연과 노래에 힘입어 '노르마'는 재평가를 받게 되었고 공연들이 다시 이어지게 되었다.

하지만 〈노르마〉는 소프라노들에게 여전히 어려운 작품이다. '19세기에 인기를 구가했던 〈노르마〉가 20세기 들어 공연이 줄어들었던 이유로는 노르마 역을 소화하고 극에 나오는 노래들을 제대로 부를 수 있는 가수를 찾기가 쉽지 않았던 사정이 꼽힌다. 이 오페라에서 여주인공 노르마의 비중은 절대적이다. 그런데 벨라토 창법에다가 가장 고음역의 콜로라투라 소프라노가 요구된다. 노르마 역을 맡아 무대위에 오를 소프라노가 그리 많지 않고, 그래서 〈노르마〉 공연이 있게 되면 누가 노르마 역을 맡는가에 대한 관심이 따른다.

이번 한국 공연에서는 여지원과 데시레 랑카토레가 날짜별로 번갈아가면서 노르마 역을 맡았다. 세계적 지휘자 리카르도 무티가 발탁했다는 여지원도, 이탈리아에서 최고의 오페라 가수로 꼽히는 랑카토레도 내로라하는 소프라노들이다. 고심하다가 랑카토레가 출연하는 날에 관람을 했다. 역시 노르마 역은 아무나 맡는 것이 아니었다. 랑카토레의 가창력은 정말 대단했다. 1막에 나오는 '정결한 여신이여'에서 매혹적인 노래를 들려주더니 내내 압도적인 성량에 고음역

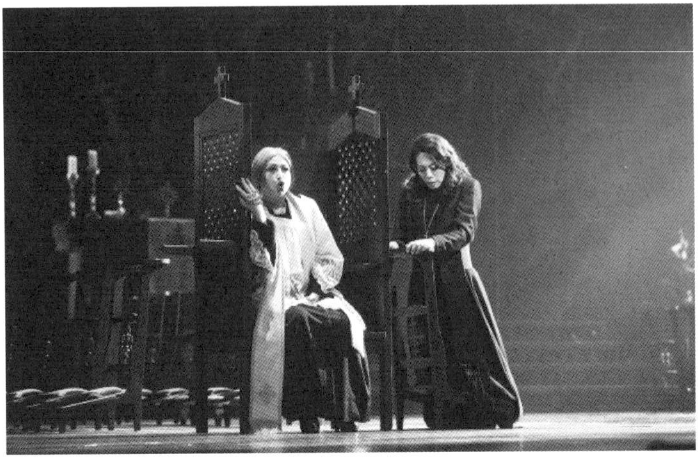

의 빼어난 아리아들을 들려주었다. 여지원의 노르마는 어땠을 까도 궁금했다.

숭고한 아름다움과 예술적 품격의 겸비

〈노르마〉의 스토리는 그리 복잡하지 않다. 로마의 지배를 받는 갈리아의 켈트족은 드루이교의 지도자 오로베소와 그의 딸인 여사제 노르마를 따르고 있다. 그런데 노르마는 로마군 사령관인 폴리네오와 몰래 사랑을 나누어 두 아이까지 낳아 숨겨 키우고 있었다. 그래서 로마 점령군에 맞서

싸우려는 아버지 오로베소의 뜻과 달리 평화를 지키는 것이 신의 뜻이라는 입장을 취한다.

그러나 노르마에 대한 사랑이 식은 폴리네오는 변심해서 노르마의 시중을 드는 아달지사를 사랑하게 된다. 아달지사의 고백을 통해 그런 사실을 알게 된 노르마는 폴리네오에 대한 배신감과 분노가 치솟지만, 폴리네오를 설득해서 노르마에게 돌아오게 만들겠다는 아달지사의 말을 믿고 기다린다. 그러나 모든 것이 허사가 되자 자신을 기만한 아달지사를 향한 분노가 폭발한다. 평화를 지켜야 한다고 했던 노르마는 분노하여 군중들 앞에서 로마 점령군과의 전쟁을 선포한다.

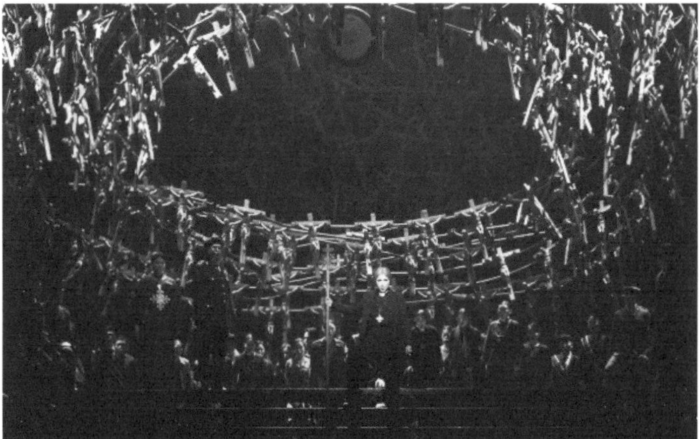

그 와중에 폴리네오는 아달지사를 데려가려고 침투했다가 병사들에게 체포되어 끌려온다. 노르마는 사람들을 물리치고 폴리네오와 단둘이 담판을 하려 했지만 실패한다. 이에 노르마는 군중들을 소집해서 신의 뜻을 어긴 여사제가 있다며 고발하겠다고 한다. 군중들이 그녀가 누구인지 밝히라고 외치자 뜻밖에도 노르마는 그것은 바로 자기라고 밝힌다. 분노한 군중들 앞에서 노르마는 화형대를 준비해 달라고 한다. 불길에 몸을 던지려고 가던 노르마는 아버지 오로베소가 쏜 총에 맞아 쓰러져 죽는다. 원작에는 노르마가 화형대에서 죽는데 이번 공연에서는 총에 맞아 죽는 것으로 나온다.

〈노르마〉는 숭고한 아름다움을 갖춘 예술적 품격이 넘치는 작품이었다. 만들기에 따라서는 사랑과 배신과 복수로 이어지는 치정의 스토리 라인으로 가져갈 수도 있는 작품이다. 하지만 알렉스 오예가 연출한 이번 〈노르마〉는 강한 사회적 메시지를 담고 있었다. 작품의 낭만주의적 색채는 절제되는 대신, 광신주의적이고 맹목적인 규범들을 강요받는 개인의 인간적 고뇌를 담고 있다.

행복해지고 싶었던 노르마의 죄

종교는 권력의 도구이자 자신의 규범에서 어긋나는 사람들을 억압하는 수단이기도 하다. 그 속에서 노르마는 자신에게 주어진 여사제로서의 역할과, 사랑에 갇혀 있는 인간적 감정 사이에서 갈등한다. 노르마는 사랑에 휘둘리고 배신에 상처받는 연약한 존재이면서, 분노의 전쟁을 선포하고 자기 스스로를 심판하는 용기를 가진 강하고 능동적인 여성이기도 하다. 흔히 여주인공이 피해자로서 비극적 최후를 맞는 것과는 달리, 주어진 비극적 삶 앞에서 주체적인 선택을 하는 여성상이 부각되기도 한다.

알렉스 오예는 노르마에 대해 이렇게 설명한다. "오페라 초반에서 노르마는 높은 지위 덕분에 세상의 정상에 있지만, 시간이 지날수록 점점 더 깊은 심연으로 미끄러져간다. 노르마는 어쩌면 어려움을 딛고 살아남은 사람으로 볼 수 있다.

어떤 사람들은 그녀를 조국과 종교에 대한 반역자로 보기도 하지만, 노르마의 죄는 과연 무엇인가? 사랑에 빠진 것? 엄마가 된 것? 둘 다 그렇게 중대한 죄는 아닌 것으로 보인다. 노르마의 가장 큰 죄라고 한다면, 파괴와 전쟁을 광적으로 요구하는 신의 품 안에서만 행복을 찾을 수 있다고 믿

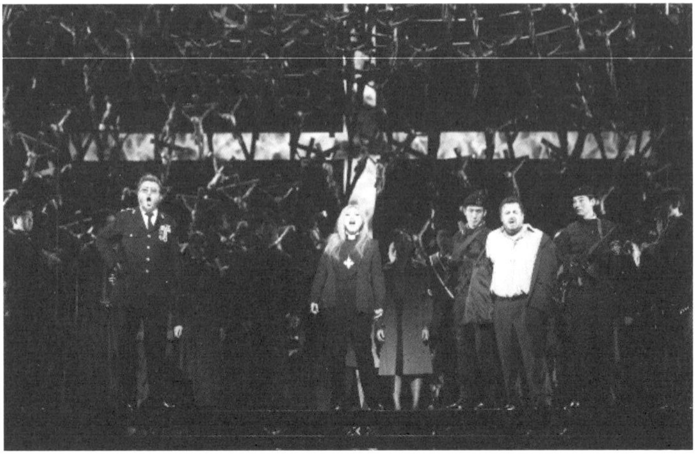

는 종교에 중독된 사회에서 행복해지려고 노력한 것이다."

노르마는 국가가 요구하는 규범을 넘어서면서 행복하고자 했던 여성이다. 자신이 지켰던 사랑과 우정이 배신당했지만, 남들에게 책임을 묻는 대신 스스로를 심판하며 고귀한 자존을 지킨 인물이다. '노르마'는 국가의 강요에 맞선 개인적 비극의 상징이며, 종교와 사회의 편협한 규범 앞에서 자유와 행복을 추구하던 인간의 모습을 빼어나게 그리고 있다. 그러니 〈노르마〉는 로마 시대를 넘어 오늘날 우리의 얘기로 받아들여진다.

연출가 오예는 전통적 해석에 걷히지 않고 과감하고 현대적인 연출을 하는 것으로 유명하다. 노르마는 드레스가 아닌 바지를 입고 나오고, 병사들도 현대 군인들의 복장이다. 소파가 있는 거실, TV와 총이 등장한다. 오페라극을 현대화하는 요즘 트렌드와 맥을 같이 한다. 오페라극을 무대를 이렇게 현대적으로 바꾸는 데 대해서는 언제나 관객들의 호불호가 엇갈린다. 로마 군대와의 결전을 외치는 극인데 현대적 복장을 입고 연기하는 모습이 낯설게 받아들여질 수도 있다. 화형대의 불속으로 뛰어들려고 가는 노르마를 굳이 아버지가 쏜 총에 맞아 죽는 것으로 바꾼 장면은 노르마의 자기 결단을 약하게 만들었다는 지적도 가능할 것이다. 하지만 그런 디테일한 지적들에도 불구하고, 행복을 찾는 인간의 숭고한 정신을 전하려 했던 연출가의 생각은 고스란히 우리에게 전해진다.

3500여 개에 이르는 십자가를 전면에 배치한 화려한 무대도 압권이다. 여사제 노르마의 신분을 알려주는 장치일 수도 있고, 경건한 분위기를 고조시키는 오브제일 수도 있다. 화형대로 가는 노르마의 자기희생을 상징하는 장치로 받아들일 수도 있다. 십자가들이 날카로운 가시 철망들처럼 보일 때는 힘든 우리들의 삶을 표현하는 상징물로 이해할 수도 있겠다. 그 많은 십자가들이 무대를 둘러싸고 있는 의미에 대한 해석은 관객들의 몫이다.

“정결한 여신이여, 당신은 은으로 물들입니다/
이 거룩하고 오래된 나무들을/
우리에게 당신의 아름다운 모습을 보이소서/
구름도 없고 베일도 없이/ 진정시켜 주소서, 오 여신이여/
당신께서 진정시켜 주소서 불타는 마음을/
진정시켜 주소서 무모한 열정을/
뿌려주소서 땅 위에도 같은 평화를/
당신이 하늘을 다스리시는 것처럼”

로마를 상대로 전쟁을 하자는 백성들과, 자신이 사랑했던 로마 사령관 폴리네오 사이에서 고뇌하던 노르마. 그녀는 평화를 갈구하며 ‘정결한 여신’을 간절하게 부른다. 하지만 노르마가 마주해야 했던 것은 사랑도 평화도 아닌 화형대였다. 비극이 아름다울 수 있는 것은 거기에 인간의 숭고한 정신과 품격이 담겨있기 때문일 것이다.

공민배와 츠베덴의 포옹, '모두의 영혼'을 위한 서울시향의 발걸음

서울시립교향악단 〈아주 특별한 콘서트〉

지난해 4월 7일 저녁 이화여대 대강당. 서울시립교향악단과의 협연을 위해 무대에 오른 발달장애 청소년 바이올리니스트 공민배가 멘델스존의 바이올린 협주곡 1악장 연주를 끝냈다. 지휘를 맡은 얍 판 츠베덴 뉴욕필하모닉 음악감독은 연주가 끝나자 공민배를 껴안고는 등을 다독였다.

발달장애 연주자와 발달장애인 아버지 지휘자

"아버지의 마음으로 지휘했다"던 판 츠베덴. 이날 공연이 시작되기 전 관람객들 앞에서 자신의 아들도 공민배와 같은 발달장애인임을 밝혔다. 2천8백석의 강당을 가득 메운 관객들은 연주를 훌륭히 끝내고 아버지 같은 지휘자와 포옹하는 공민배에게 우레와 같은 박수를 오랫동안 보냈다. 몇 년 전 투병과 재활의 긴 터널을 지나야 했던 필자도 공민배의 카텐차를 들으면서 그가 여기까지 오는 길이 얼마나 힘들었을까를 떠올리니 눈시울이 뜨거워졌다. 뜨거운 박수를 보낸 관객들 가운데는 특별히 초대된 발달장애인들과 그 가족들이 있었다. 그러니 이날 공연은 말 그대로 '서울시향이 드리는 아주 특별한 콘서트'였던 셈이다.

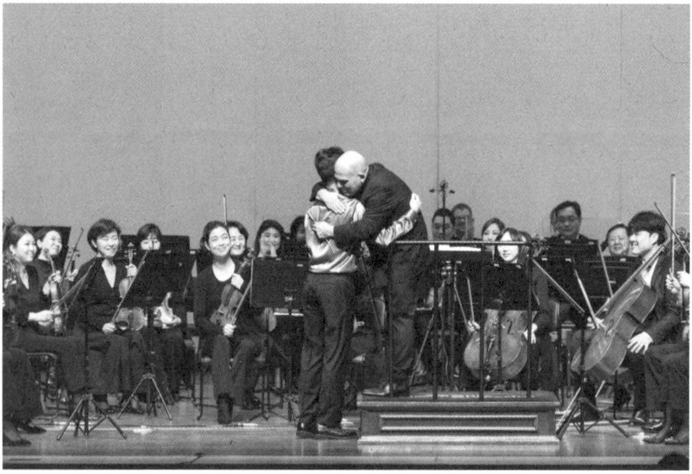

공민배와의 협연이 끝나고 포옹하는 지휘자 얍 판 츠베덴 ©서울시향

서울시향이 발달장애인들을 위한 공연을 하게된 데는 안타깝고도 따뜻한 사연이 있다. 2017년 7월 22일에 일어난 일이었다. 서울 예술의전당 콘서트홀에서 열린 서울시향 정기연주회에서 세계적인 바이올리니스트 아우구스틴 하델리히가 버르토크의 바이올린 협주곡 제2번을 연주하고 있었다. 그런데 그때 객석에서 어린아이의 비명같은 소리가 들렸다. 소리에 놀란 관객들은 그 아이와 어머니에게 따가운 눈총을 보냈고, 아이의 어머니는 급하게 공연장 밖으로 나가야 했다. 사연인즉, 그 아이는 발달장애아였는데 음악을 들으면 정서에 도움이 될 것을 기대한 어머니가 함께 관람을 온 것이었다.

서울시향이 발달장애인을 위한 공연을 하는 사연

당시 여론은 음악을 제대로 감상하기도 어려운 상태의 아이를 데리고 온 어머니에게 비판적인 의견이 주를 이루었다. 그런데 이 상황을 안타깝게 여긴 노승림 음악칼럼니스트가 한 일간지에 칼럼을 썼다. 그는 '나와는 다른 이를 위해 음악이 연주되는 사회'라는 칼럼을 통해 "관객들의 불만은 이해하지만 자폐아를 위한 우리 사회의 배려와 이들을 위한

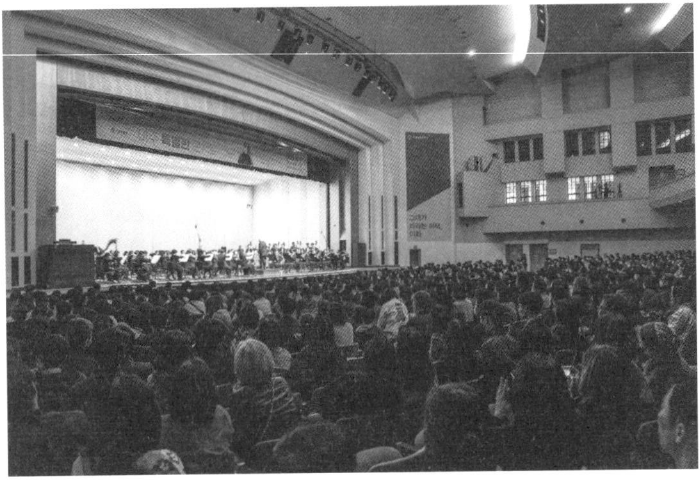

이화여대 대강당에서 열린 '서울시향이 드리는 아주 특별한 콘서트'. ©서울시향

공연 부족이 아쉽다"는 얘기를 꺼냈다. 이 글을 읽은 서울시향 직원들이 공감하여 그 해 11월에 발달장애아를 위한 공연을 개최했다. 200여명의 발달장애아들과 부모들이 초대받아 참석한 이 공연에서는 음악치료를 받으며 악기를 연주하는 학생들이 서울시향과 함께 무대에 서서 연주를 했다.

그런 '동행'의 역사를 갖게 된 서울시향의 이화여대 공연도 공익적인 연주회였다. 수익금은 전부 사회적 약자들을 위해 기부되고, 판 츠베덴도 무보수로 지휘를 맡았다. 관람료는 전석 1만원으로 낮추어 시민들이 연주회에 다가갈 수 있는 문턱을 크게 낮추었다.

1만원짜리 공연이라고 연주의 질이 그저 그랬으려니 하면 오산이다. 수십만원을 내고 보는 연주회 이상의 감흥과 만족감을 안겨주었다. 특히 서울시향은 레스피기의 '로마의 소나무'를 재발견하게 해주었다. 소나무 숲에서 시간의 변화를 떠올리는 신비로운 선율을 들려준 이 곡은, 고요한 한밤중의 새소리를 들려주더니 로마 군사들의 장엄하고 기쁜 승리를 알리는 힘찬 대미를 장식하여 큰 박수를 받았다. 다른 곳에서 들었다면 식상하게 느꼈을 라벨의 '볼레로' 또한 서울시향의 연주는 새롭게 역동적이었다. 매달 정기연주회마다 호평을 받고 있는 서울시향의 실력은 이날도 어김없이 발

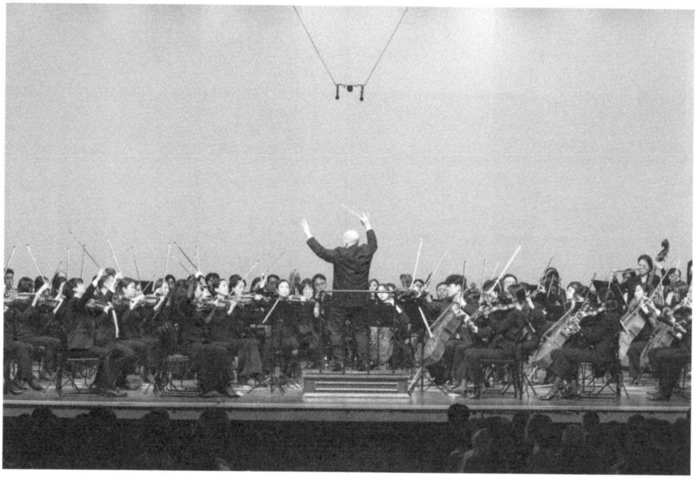

©서울시향

휘되었다.

가성비 최고인 서울시향 연주회

평소 서울시향의 연주회는 가성비가 최고인 연주회로 꼽힌다. 한국을 사실상 대표하는 오케스트라로서의 수준 높은 연주를 들려주면서도 1만원(C석), 3만원(B석), 5~6만원(A석) 정도로 다른 공연들에 비하면 무척 싼 가격이다. 너무 비싸서 연주회에 가지 못한다는 얘기만 할 것이 아니라, 조금만 부지런하면 서울시향의 질은 높고 부담은 적은 연주를 들을 수가 있다. 예술의전당이나 롯데콘서트홀에서 열리는 오케스트라 연주회에 가고는 싶은데 비싼 관람료가 부담스러웠다면, 서울시향의 연주회를 적극 추천한다. 다만 가격이 싼 이들 좌석은 예매전쟁을 통과해야 차지할 수 있다.

서울시향은 공익성 연주회를 대폭 강화해 나가고 있다. 이는 미국 뉴욕필하모닉 오케스트라를 이끌어온 얍 판 츠베덴이 올해부터 5년간 서울시향을 이끌 음악감독을 맡게 되면서 만들어졌다. 판 츠베덴은 음악이 약자들과 동행해야 함을 강조하는 지휘자다. 지난해 1월 국내 언론과 가진 간담회에서 그는 "사회적 약자들의 존재를 잊어서는 안 된다. 1년에 한 번은 사회적 약자를 위한 공연을 열려고 한다"고 밝혔다. 지난번 이화여대 공연도 세 달 전에 했던 약속을 이행한 것이다. 앞에서 밝힌 것처럼 그의 아들도 공민배와 같은 자폐 스펙트럼 장애를 앓아왔다. 그런 판 츠베덴은 자폐 스펙트럼 장애아들의 가족을 지원하는 파피게노 재단 아내와 함께 만들어 운영하고 있다. "사회적 약자들에게도 영혼의 풍요가 닿아야 한다. 모두를 위한 오케스트라가 돼야 한다"는 것이 오케스트라 지휘자 판 츠베덴의 철학이다.

음악의 뜻은 사랑이다

서울시향이 계획하고 있는 공익성 연주회들은 '모두'를 풍요롭게 만들기 위한 것이다. 장애 청소년들이 직접 연주하는 '행복한 음악회, 함께!'는 지난해 6월에는 예술의전당, 10월에는 금호아트홀 연세에서 두 차례 더 공연했다. 무대에 오를 장애 청소년 연주자들은 공개 모집을 거쳐 선발하기도 한다. 성당과 교회를 찾아가서 연주하는 '퇴근길 콘서트'는 성당과 교회, 박물관과 미술관 등을 찾아다니며 지난해에 이어 올해도 계속된다.

그동안 유럽에서나 보았던 성당이나 뮤지엄에서의 연주

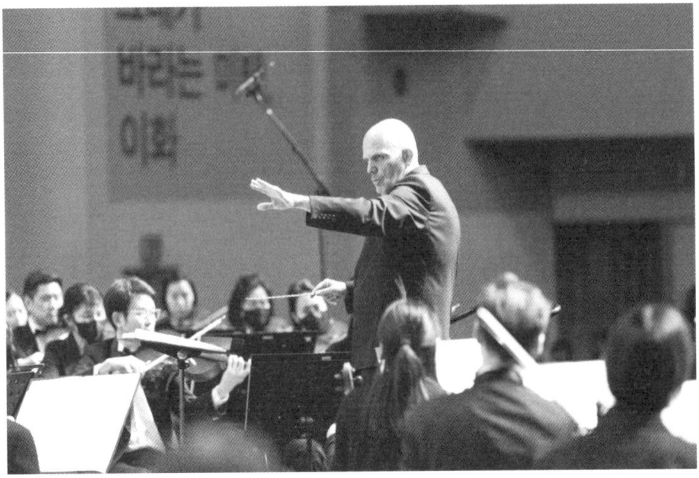

ⓒ서울시향

회를 우리도 가까이서 관람할 수 있게 된 것이다. 그런가 하면 '우리 동네 콘서트'는 서울의 각 자치구들을 돌며 동네에 와서 연주회를 갖고, 어린이들을 위한 클래식 연주회 '키즈 콘서트'도 여러 차례 열린다. 자세한 일정과 장소는 서울시향 홈페이지에 올라와 있다. 좋은 오케스트라 음악을 듣는 행복의 기쁨을 향유할 수 있는 기회들을 그냥 놓치지 마시기 바란다.

지난해 3월 드레스덴 슈타츠카펠레 연주회의 지휘를 맡은 정명훈은 앵콜곡으로 브람스 교향곡 3번 3악장을 소개하면서 이렇게 말했다. "저는 음악의 뜻은 사랑이라고 생각합니다." 그렇다. 우리는 현실에서 제대로 채우지 못해 결핍을 느끼는 사랑을 음악을 통해 얻곤 한다. 서울시향은 음악이 사랑임을 보여주고 있다. '모두'를 위한 새로운 발걸음을 내딛는 서울시향을 우리도 사랑한다.

임현정이 라흐마니노프 협주곡을 독주하는 이유

임현정 피아노 리사이틀

라흐마니노프의 피아노협주곡 2번과 3번은 80여명의 오케스트라와 협연자의 피아노가 함께 어우러져서 연주하는 곡이다. 그런데 오케스트라 파트 없이 피아노 한 대로 이 곡을 연주한다고 한다. 당연히 무대 위에서 함께 해야 할 많은 목관악기, 금관악기, 타악기 하나 없이, 오직 한 대의 피아노 소리로 이 아름답지만 어려운 곡을 연주한다니 얼마나 신기한 일인가. 티켓 예매 사이트에는 '세계 최초 라흐마니노프 피아노 협주곡 전곡 독주 편곡'이라는 소개 문구가 있었다. 이런 연주가 대체 어떻게 가능할지 궁금해서 지난해 8월 5일 고양아람누리 아람음악당에서 열린 임현정의 연주회를 찾아갔다.

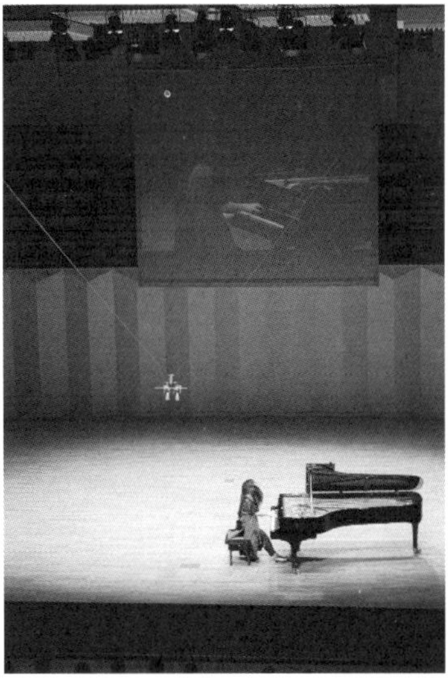
고양아람누리 아람음악당 연주회 ©다나기획

피아노 한 대로 오케스트라의 소리를 내다

임현정에 대한 소문은 이전부터 들어왔었다. 신들린 듯한 열정적 연주, 강력한 타건이 주는 아우라에 대한 찬미를 많이 접했다. 이날도 임현정은 관객들이 음악에만 집중하도록 고집한다는 검은색 의상을 입고 무대로 입장했다. 11월에 한국에 오는 유자왕이 킬힐과 미니스커트 같은 화려한 무대 의상을 입고 피아노를 연주하는 모습과는 참으로 대조적이다.

곧바로 연주에 들어간 임현정은 폭풍 같은 에너지의 타건, 손가락을 쫓아가며 보기 어려울 정도의 빠른 터치, 온몸으로 하는 듯한 열정적인 연주 모습으로 라흐마니노프 피협 2번과 3번을 홀로 연주해냈다. 신기한 것은 오케스트라 파트가 연주하던 부분들까지 모두 피아노 한 대로 연주하는데도 특별히 빈 구석이 느껴지지 않고 꽉 찬 느낌이다. 피아노 한 대 소리의 울림이 이렇게도 클 수 있나 싶었다. 피아노 한 대로 오케스트라의 소리를 담아낼 수 있게 편곡한 것도 임현정 본인이었다. 임현정을 가리켜 마르타 아르헤리치에 비유하는 것이 그리 과장된 얘기는 아니었다.

협주곡을 굳이 피아노 독주로 연주하는 이유는

그런데 애당초 오케스트라와 협연을 하도록 만들어진 곡을 임현정은 어째서 굳이 피아노 독주로 연주하려는 것일까. 오케스트라와 협연을 해도 충분히 아름다운 곡을 피아노 한 대로 연주하겠다고 나선다면 협연에서는 얻지 못하는 무엇이 있어야 하는 것 아닐까.

여기에는 임현정이 갖고 있는 연주자로서의 철학이 있다. 자신의 음악 자서전 『침묵의 소리』에서 임현정은 피아노 연주자이며 지휘자였던 알프레드 코르토의 말을 인용한다. "작곡가들의 영감 밑바닥에는 한 감정이 깔려 있으며, 연주자의 숙제는 이 감정을 찾아내서 이를 청중에게 그대로 돌려주는 것이다." 그런데 연주자가 읽어내는 작곡가의 감정이 어떻게 하나의 것일 수 있겠는가. 그래서 임현정은 묻는다. "누가 베토벤 자신도 알지 못하는 베토벤의 스타일대로 연주해야 한답시고 떠들어대는가? 맨 정신으로 쇼팽 자신도 모르는 '쇼팽적인' 스타일대로 연주하라고 말할 수 있는가?"

그러니 그녀에게 '라흐마니노프다움'을 강조하는 지휘자나 오케스트라가 있다면 자신이 이해하는 라흐마니노프의 감정을 자유롭게 전달할 수 없을 것이다. 임현정은 혼자서 피아노 독주를 할 때 자기가 느끼고 해석하는 라흐마니노프를 가장 자유롭게 연주할 수 있는 것이다.

연주의 템포에 대한 임현정의 철학

그런 임현정에게 팬들만 많은 것은 아니다. 굳이 나누어 말하자면 대중들에게는 인기가 있는 반면 음악비평가들로부터는 까칠한 평을 많이 받기도 한다. 유튜브에 올라와 있는 임현정의 연주 영상들에는 찬사의 댓글들이 줄을 잇는

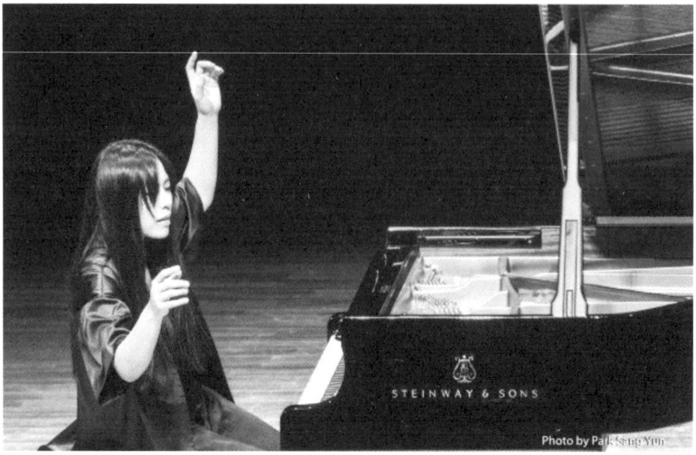

다. 라흐마니노프 피협 2번을 피아노 독주로 연주한 영상에는 '소름 끼치는 음악 천재'라는 칭송들이 넘친다.

그러나 비평가들의 냉담한 평가를 접하면 그에게는 아직 호불호의 벽이 자리하고 있음을 발견하게 된다. '불호'를 드러내는 사람들은 임현정 특유의 '속주速奏'가 청중들을 열광하도록 만드는 테크닉일 수는 있지만, 곡의 완성도를 떨어뜨려서 본질적 아름다움을 해친다는 지적을 한다.

실제로 임현정의 연주에 대한 호불호가 가장 첨예하게 갈리는 부분은 남들보다 빠른 속도의 연주에 있다. 예를 들어 라흐마니노프 피아노협주곡 2번의 슬프고도 아름다운 선율을 좋아하는 사람 가운데는 천천히 한음 한음 정치하게 음미하고 싶은 사람들도 있을 것이다. 그런 이들에게는 쉴 새 없이 몰아치는 임현정의 강한 타건이 불만스러울 수 있다. 12살 때 혼자 파리로 유학을 떠나 음악원들을 다닌 임현정은 국내 피아노 연주자들의 전형적인 코스와도 달랐고, 국제 콩쿠르를 통해 알려진 경우도 아니라는 점도 그러한 평가에 영향을 주었을 법하다.

하지만 임현정에게는 연주의 템포에 대한 확고한 철학이 있다. "음악은 영혼의 표현이기 때문에 그 표현은 테크닉, 혹은 속도의 인질이 되어 억압받거나 제약을 받을 수가 없다. 받아서는 안 된다. 그만큼 제일 먼저 그 표현과 나의 영혼이 하나가 되어야 한다."

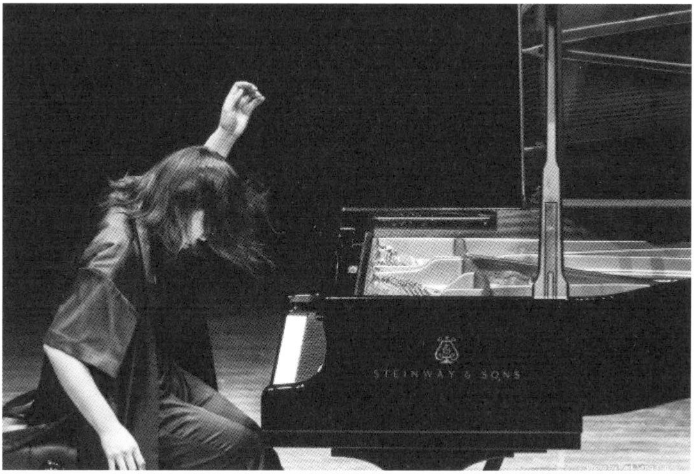

임현정은 음악에서 템포는 작곡가가 실마리를 주는 하나의 방식에 불과하다고 말한다. “한 인간이 마음에서 우러나와 어떠한 말을 속삭일 때 누가 그가 어떠한 속도로 말을 하는지 따위에 신경을 쓰겠는가? 표현이 먼저이다. 열광하면 그것이 속도를 결정한다. 음악은 템포에 의해서 시작되지 않는다. 음악은 템포 속에 갇혀 있지 않다. 오히려 그와 반대로, 음악이 템포를 창조하는 것이다.” 예를 들어 우리가 쇼팽의 곡을 연주하려 할 때 먼저 박자를 정해놓고 그 안에 음악을 잡아 끼워넣는 것이 아니라, 우선 그 음악이 우리에게 무슨 메시지를 전달하는가, 또한 그 곡의 부분 부분마다 분출하고 있는 감정이 어떠한가를 먼저 느낀 후 연주를 해야 한다는 것이 임현정의 생각이다.

임현정은 한 인터뷰에서 “베토벤을 실제로 만난다면?”이라는 질문에 이렇게 대답한다. “제발 그의 피아노 연주를 볼 수 있으면 좋겠다. 그리고 그걸 녹음해서 지금으로 다시 가져와 이렇게 말하고 싶다. ‘베토벤도 이 템포로 연주하잖아요! 뭐가 전통이죠?’” ‘베토벤도 모르는 베토벤다움’을 강조하는 사람들을 향한 답답한 마음의 토로이다.

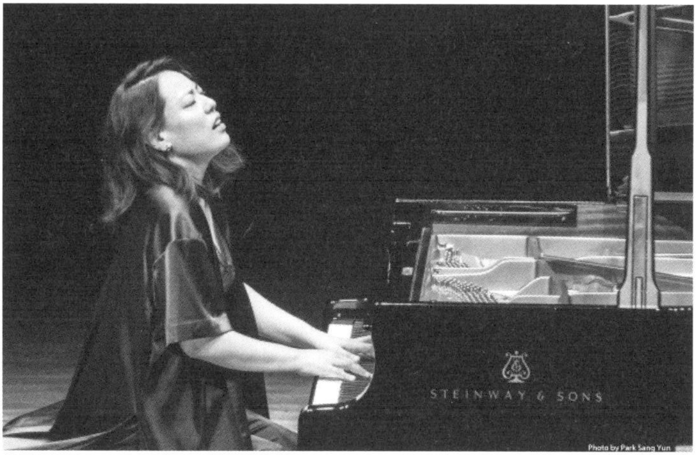

열정과 자유를 추구하는 피아니스트

그런데 임현정의 연주회 예매를 하다 보면 파격적인 할인 정책이 눈에 띈다. 임현정의 연주회를 주관하는 다나기획은 그가 직접 운영하는 기획사다. "다양한 사람들에게 더욱 많은 관람의 기회를 제공하고, 더 깊고 넓게 예술을 향유하고자 한다"고 설명한다. 실제로 대학생·경로 50%, 청소년·임산부·장애인·유공자 80%, 기초생활수급자 90% 등과 같은 파격적인 할인 혜택이 주어진다. 예술이 부자들만의 것이 아니라 누구든 가까이 갈 수 있어야 한다는 임현정의 공연 철학에 따른 것이라고 한다.

정리하자면 임현정을 표현하는 키워드는 '열정'과 '자유'다. 먼저 열정. "어떤 작품을 연주할 준비가 되었다는 것은 도대체 무슨 뜻일까? 준비가 되었다는 것은 우리가 그 작품과 함께하지 않으면 우리 삶의 의미마저 사라지는 듯한 것을 뜻한다. 준비가 되었다는 것은 피아노 앞에 앉아 있느라 밥 먹는 일마저 잊어버리는 것이며, 손가락이 몹시 아프고, 밤에도 연습을 하기 위해서 문득 잠자리를 박차고 일어나는 것을 뜻한다. 준비가 되었다는 것은 나의 몸 안에서 음표들이 펄떡거리는 소리를 듣는 것이며, 열광 이 나의 몸을 휘감는 것을 뜻한다. 준비가 되었다는 것은 자신의 모든 것을 맡기고 자신을 전적으로 작품에 내어주는 것을 뜻한다."

그리고 자유. 임현정은 "음악에서 절제라는 것이 있다고 믿지 않는다." 그는 자기만의 개성과 느낌, 그리고 새로운 해석의 도전을 중시하는 연주자이다. "음악은 작곡가 개인의 스타일이나 개성을 초월한다. 그리고 연주자는 연주를 통해서 자신만의 감수성과 개별성을 더함으로써 창조 작업을 이어간다. 즉 연주자는 위험을 감수해야 하는 것이다. 다시 말해서 낯선 것, 모르는 것에 대한 두려움, 일시적 불안감과 맞서야 한다."

자유를 찾는 열정은 소중하지만 결국 연주자는 연주로 평가받게 된다. 임현정은 자신이 추구해야 할 것이 숙련을 거쳐 완벽한 기량을 갖춘, 그래서 더욱 완벽하고 자유로운 연주의 경지임을 잘 알고 있다. 그 몫은 자신의 것이니, 임현정의 피아니즘은 더 높은 완성도를 향한 현재 진행형일 것이다. 대개 사람에게서 열정과 자유는 양립하기가 쉽지 않다. 열정이 뜨거우면 뜻을 이루는데 집착하다가 그 안에 갇혀버리게 되니 자유를 잃게 된다. 그러나 임현정의 열정은 기존의 단일한 질서 안으로 들어가기 위한 것이 아니니 자유로움을 찾는 길과 다르지 않다.

"그(베토벤)가 말하는 기쁨과 고통, 그것은 바로 나의 고통이고 기쁨이었다. 진정으로 살아 있는 숨결, 목마름, 갈망 등 이 모든 것들을 나는 내 안에 담고 있었다…. 그 소나타들의 영감이 베토벤의 심장에 뛰어들어왔을 때 뛰었던 그 심장의 템포로 그 모든 것을 고스란히 들려주고 싶었다. 나는 그렇게 할 수 있을 것이고, 그렇게 하고야 말 것이었다. 베토벤을 위해서, 우리의 삶에 경의를 표하기 위해서." (임현정, 『침묵의 소리』)

여자경-장한나-성시연, 여성 지휘자들이 온다

세계의 포디엄을 누비는 한국의 마에스트라들

마리아 피터스 감독의 영화 〈더 컨덕터〉는 뉴욕필하모닉 오케스트라를 최초로 지휘한 여성지휘자 안토니아 브리코의 실화를 담은 작품이다. 여성은 지휘자로 인정하지 않던 시절 간절하게 오케스트라 지휘자가 되고 싶었던 브리코는 이렇게 말한다. "슈바이처는 음악을 다음 생으로 미룰 만큼 미쳤지만 전 음악을 위해 이번 생을 바칠 만큼 미쳤어요. 선생님이 도와주시든 안 도와주시든 전 지휘자가 될 거예요."

브리코의 선생이었던 카를 무크는 그녀에게 이런 말을 한다. "백 명의 남자 앞에 한 명의 여자야. 어떡해야 그들이 따라올까? 부드럽게? 아님 거칠게 다뤄야 할까? 그리고 또

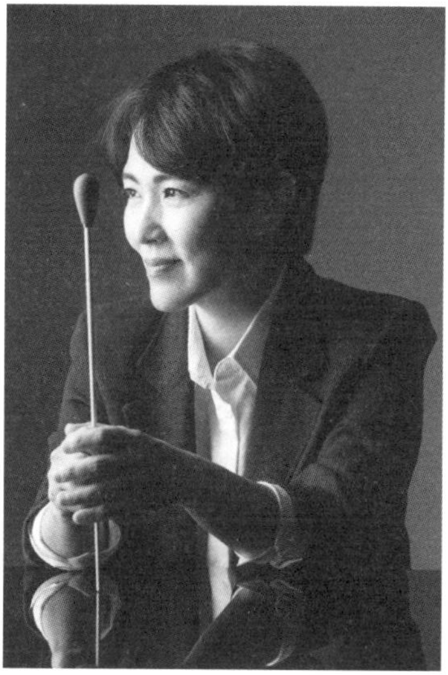

여자경 대전시립교향악단 예술감독 ©Kim Hain

하나. 진땀 흘리면서 절대 못해… 지휘할 땐 폭군이 되어야 해. 민주주의로는 안 돼." 영화의 엔딩 크레딧에 이런 자막이 나온다. "안토니아는 평생을 음악에 바쳤고 유명 교향악단의 객원 지휘자로 활약했다. 그럼에도 상임 수석 지휘자는 된 적이 없다. 2008년, 유명 평론지 '그라모폰'에서 세계 20대 교향악단을 뽑았는데 여성 수석 지휘자가 있는 악단은 하나도 없었다."

포디엄은 더 이상 남성들의 독점물이 아니다

음악사에서 '위대한 음악가'는 언제나 남성이었다. 여성은 그저 취미로만 음악을 하면 된다는 가부장적 세계관의 산물이었다. 특히 오케스트라 지휘자는 작곡가나 연주자보다도 가장 근래까지도 여성이 차별받거나 배제되는 영역이었다. "여기에는 단원을 이끌 수 있는 지도력과 권위가 필수적이다. 그런데 이 모든 능력이 여성에게는 결여되었다고 여겨졌다. 또한 오케스트라 단원이 대부분 남성이라는 사실도 여성의 지휘자로서의 진출을 어렵게 만드는 중요한 원인이 되었다." (민은기 『음악과 페미니즘』) 하지만 지휘자가 되기 위해 '남성같은 여성'이 되려고도 하고, 차별받지 않기 위해 더 많은 땀을 흘리며 분투했던 여성 지휘자들이 있었다. 그래서 지휘자가 되는데 성공한 여성들은 더 이상 '극소수'가 아니게 되었다. 이제는 여성 지휘자들의 맹활약상을 곳곳에서 보게 된다.

지난해 여성 지휘자가 이끄는 연주회를 자주 관람했다. 현재 대전시립교향악단 상임지휘자를 맡고 있는 여자경의 국립국악관현악단과의 연주가 무척 인상적이었다. 서양의 정통 클래식 음악을 해온 지휘자가 대체 국악관현악을 어떻게 이끌까 궁금해서 9월 1일 국립극장을 찾아갔다. 첼로, 피아노와 국악관현악의 협주는 마치 신세계를 경험한 것 같은 매력을 뿜어냈다. 특히 '아리랑 환상곡'은 국악으로도 서양 오케스트라의 선율과 비슷한 느낌을 주는 것이 신기하고 놀라웠다.

여자경, 장한나, 성시연, 김은선 등의 맹활약

워낙 인상적이라서 프로그램북을 다시 살펴봤더니 마침 여자경 지휘자가 쓴 얘기가 나온다.

"많은 다양한 아리랑 음악이 있지만 이 곡이 주는 진한 감동이 남달랐던 것 같습니다. 서양 오케스트라와 연주할 때는 플루트의 솔로로 시작을 하는데요, 당시에 연주할 때는 플루트 연주자에게 대금처럼 혹은 소금처럼 비브라토나 퇴성을 연주해달라고 했던 기억이 납니다. 하프 연주자에게도 가야금처럼 소리 내달라 하기도 하였고요. 서양악기를 가지고 국악기처럼 흉내를 내달라고 했던 것을 이번에는 국악기를 가지고 서양악기들의 앙상블을 만드는 쪽으로 접근해 보려 합니다."

여자경이 의도했던 것이 그런 것이었고, 나의 귀에도 서양 챔버오케스트라의 관현악 연주같이 들렸으니 그녀의 생각은 성공을 거둔 셈이었다. 어째서 여자경을 가리켜 '악보의 모든 비밀을 알 때까지 공부하는 지휘자'라고들 말하는지 알 것 같았다. 서양음악을 했던 사람인데도 국악관현악곡들을 꿰뚫고 자신있는 태도로 국악 연주자들을 세심하게 장악하며 연주를 이끌어갔다.

장한나는 또 어떠한가. 첼리스트로는 어린 나이에 벌써 세계 정상의 자리에 올랐지만 24세 때 정식 지휘자 데뷔를 한 뒤로는 지휘에만 전념해왔다. 이제는 세계적인 여성 지휘자로 더 유명해졌고 2022년 9월부터는 함부르크 심포니의 수석 객원지휘를 맡고 있다. 지난해 6월 14일에 있은 빈 심

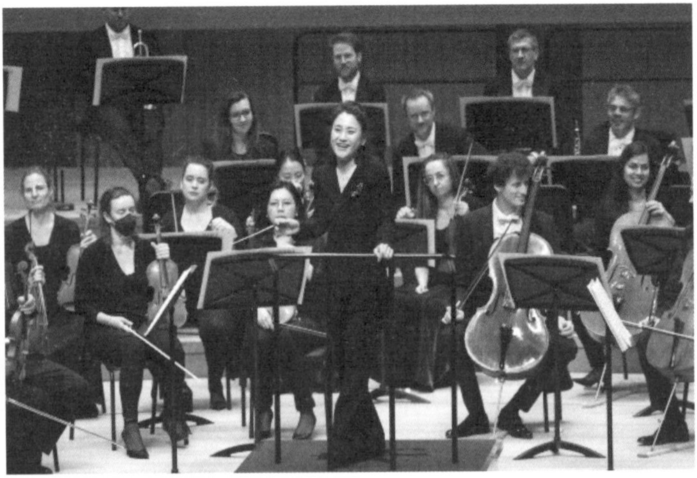

지휘자 장한나 ©Han-Na Chang Music Official

포니 내한 공연에서 장한나는 블루스 리우와의 베토벤 피아노 협주곡 제3번 협연, 베토벤 교향곡 제3번 연주를 훌륭하게 이끌었다. 장한나가 지휘할 때, 그리고 커튼콜 때의 모습을 보면 자신이 하고 있는 음악을 정말 좋아하고 즐긴다는 느낌이 든다. 즐겁고 행복한 에너지를 나눠주는 지휘자다. 장한나는 지난해 9월 17일부터 오랜 스승인 첼리스트 미샤 마이스키와 함께 전국을 돌며 협연을 했다. 장한나는 스승 마이스키와의 만남을 '자신의 삶을 바꾼 사건'으로 말하곤 했다. 이제는 나란히 거장이 된 스승과 제자가 함께하는 협연이 흥미롭다.

지난해 8월 30일에는 성시연이 한경arte 필하모닉을 지휘했다. 2006년 게오르그 숄티 국제 지휘 콩쿠르 우승, 2007년 구스타프 말러 지휘 콩쿠르에서 '1위 없는 2위'를 수상했던 성시연은 그 뒤로 국제 무대에서 두각을 나타내며 부드러운 카리스마와 열정을 갖춘 지휘자로 주목받아왔다. 2007년 보스턴 심포니 사상 최초의 여성 부지휘자로 임명되었고, 2009년부터 2013년까지는 서울시립교향악단 부지휘자로 활동했다. 이날 연주회에서도 성시연은 특유의 여유로운 당당함을 보여주었다. 지휘대로 걸어가는 그녀의 모습을 보노라면 자신감에 대한 신뢰가 저절로 생겨난다. 성시연은 지난해 9월 19일에 예술의전당에서 KBS교향악단과 함께 '선

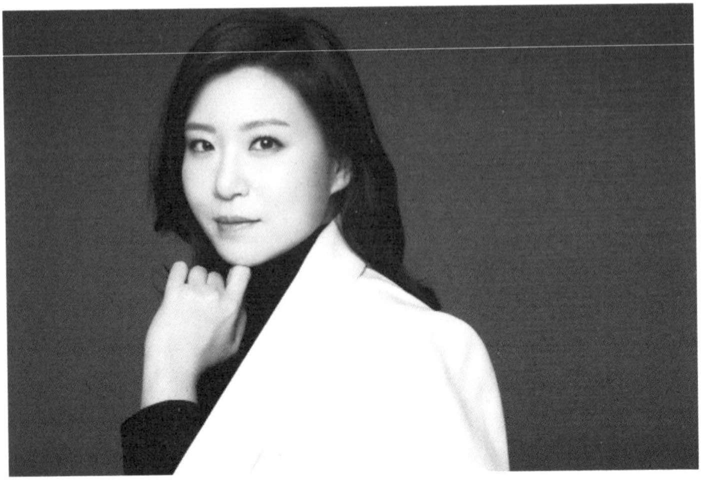

지휘자 성시연 ©Yongbin Park

율의 미학'을 갖는 등 활발한 국내 활동도 이어가고 있다.

여성 지휘자들에 대한 인식의 변화

성시연도 과거에 이렇게 토로한 적이 있다. "제가 공부를 마치고 막 데뷔할 때만 해도 여성이라는 것 자체가 많은 이슈가 되었어요. 특히 콩쿠르에서 그걸 실감했죠." 하지만 오케스트라가 여성 지휘자들을 대하는 태도도 이제는 많이 바뀌었다고 말한다. "예전에는 기싸움이 있기도 했지만 지금은 정말 좋은 여성 지휘자들이 많이 배출되어서 그런지 색 안경을 끼고 보기보다는 같은 지휘자로 받아들이는 것 같아요." (《SPO》 2021년 1월호) 영화 '더 컨덕터'에서 안토니아 브리코가 남성 단원들로부터 겪어야 했던 불편한 시선 같은 것이 이제는 사라졌다는 얘기이다.

20대 시절부터 유럽과 북미에서 잇달아 '여성 최초' 기록을 세우며 '금녀'의 벽을 깼던 김은선의 얘기도 빼놓을 수 없다. 현재 미국 샌프란시스코오페라SFO 음악감독으로 있는 김은선은 올해 4월 베를린 필하모닉의 객원 지휘자로 무대에 서게 되었다. 오랜 역사의 베를린 필하모닉은 까다롭

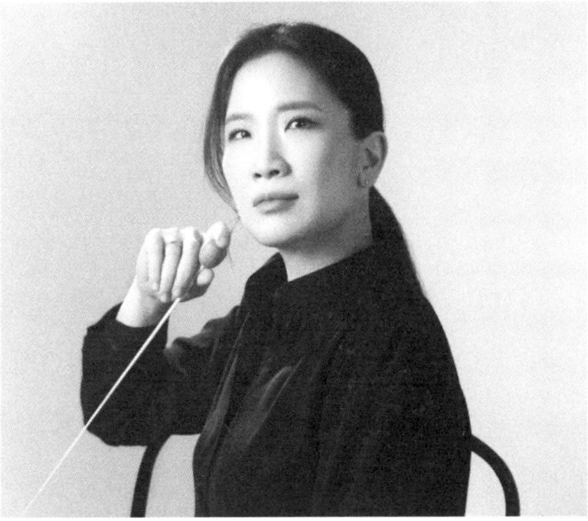

김은선 지휘자 ©김태환/서울시향

고 보수적인 것으로도 유명해서 동양계 여성인 김은선이 객원 지휘를 맡게 된 것은 매우 이례적인 일로 꼽히고 있다. 한국에서의 공연은 적었지만, 세계 무대에서 활약하는 우리의 여성 지휘자이다.

그냥 얻어진 것은 없었다

외국 여성 지휘자들의 발걸음도 잦아지고 있다. 지난해 7월에는 빈 필하모닉의 수석 바수니스트인 소피 데르보가 한국에 와서 지휘와 협연을 동시에 하는 연주회를 했다. 한경arte 필하모닉을 지휘한 데르보는 악장마다 일단 지휘를 하다가 바순 연주로 들어가곤 하는 분주함 속에서도 안정적인 연주를 이끌었다. 바수니스트의 지휘는 처음 보았는데 앞으로 지휘자로서도 한몫할듯 싶었다.

9월 17일에는 우크라이나 출신 여성 지휘자 옥사나 리니우가 예술의전당 무대에 올라 국립심포니 오케스트라와 함께 '평화의 선율'을 들려줬다. 리니우는 세계 지휘계에서 여풍을 선도하는 지휘자다. 바이로이트 오페라 페스티벌 145년 역사에서 처음으로 등장한 여성 지휘자였고, 259년 전통의 볼로냐 시립극장에서도 금녀의 벽을 무너뜨렸다. 이 공연에서는 우크라이나 작곡가 예브게니 오르킨의 ‘밤의 기도’가 첫 곡으로 연주됐다. 지난해 3월 리니우 지휘로 우크라이나 청소년 오케스트라가 세계 초연한 작품인데, 우크라이나 전쟁 희생자들을 기리는 곡이다. 조국의 평화를 바라는 간절한 염원이 선율을 타고 전해졌다.

음악사 연보를 들여다보니까 브라질 작곡가 시키냐 곤자가가 1885년에 자작곡을 갖고 오케스트라를 지휘한 최초의 여성 지휘자였던 것으로 나타난다. 그녀는 당시 브라질 음악계에서 보기 드문 여성 음악가로, 많은 차별 속에서도 활발한 음악활동을 했다. 그로부터 수십년의 세월이 지나서야 많은 여성들이 지휘봉을 잡을 수 있게 되었다. 여성 음악가에 대한 편견과 차별에 맞선 여성 지휘자들의 오랜 분투가 있었기에 이제는 여성 지휘자들이 포디엄podium에 당당하게 서고 있는 것이다. 오늘 여성 지휘자들을 향한 박수 세례가 그냥 얻어진 것이 아님을 우리는 기억할 필요가 있다.

5부

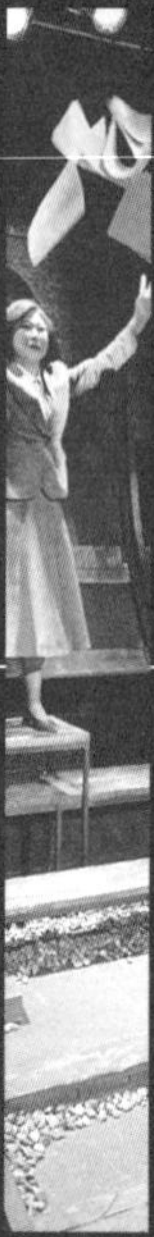

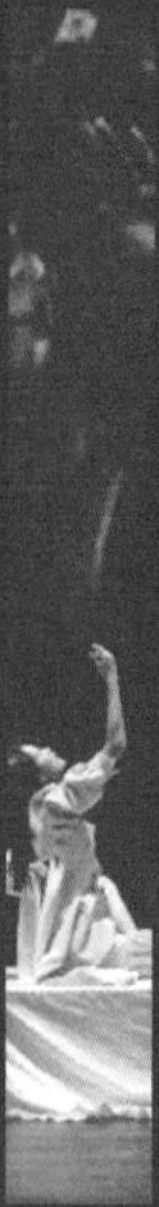

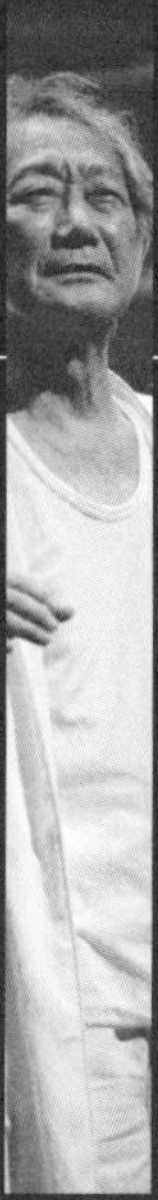

자유를
찾아가는
인간의 숙명

한나 아렌트는 '평범한 아이히만'을 용서한 것일까

극단 파수꾼의 연극 〈아이히만, 암흑이 시작하는 곳에서〉

"제가 아이히만인 건 맞지만 저 말고도 수많은 아이히만이 있습니다. 내가 안 했다면 내 자리에서 다른 관료가 했을 거예요."(아돌프 아이히만)

"죄책감을 없애는 방법은 이미 결정됐다고 생각하는 겁니다. 아니면 다른 사람이 결정하거나, 운명이 결정했다고 정당화하죠. 결국, 이런 식으로 죄책감의 무게를 덜어내는 거죠, 바로 당신처럼." (한나 아렌트)

한나 아렌트의 분노한 모습은 실제였나

한나 아렌트의 책 『예루살렘의 아이히만』에 나오는 말들이 아니다. 아렌트와 아이히만은 직접 말을 주고받은 일이 없다. 유대인 대학살의 주범인 아이히만은 나치 독일이 패망하자 아르헨티나로 도주해서 잠적해 있다가 1960년 이스라엘 비밀경찰에 체포되고 그다음 해에 예루살렘에서 재판을 받게 된다. 그 소식을 들은 아렌트는 예루살렘으로 가 재판을 참관하고 보고서를 작성해서 1963년에 미국 잡지 『뉴요커』를 통해 기사로 내보낸다. 이어 1965년에 그 유명한 『예

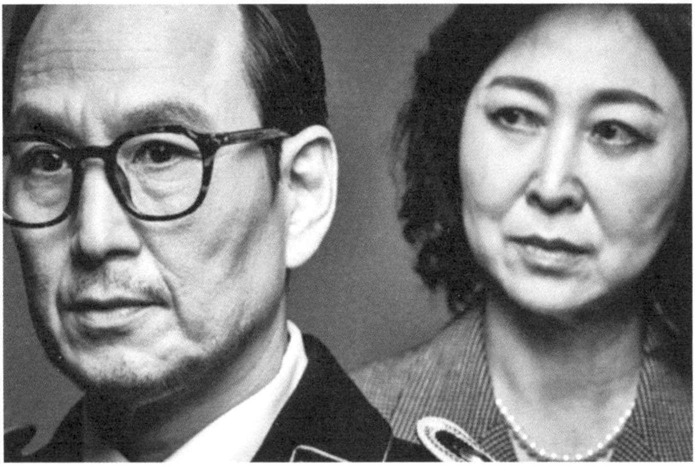

아렌트 역은 차유경, 아이히만 역은 김수현 배우. © 극단 파수꾼

루살렘의 아이히만』이 책으로 세상에 나온다.

그 문제적 책에서 아렌트는 객관적인 관찰자이며 기록자였다. 아이히만에 대한 감정적인 분노 같은 것은 담겨있지 않다. 그런데 연극 〈아이히만, 암흑이 시작하는 곳에서〉에 등장한 아렌트는 전혀 다르다. 책상 위에 타자기를 놓고 아이히만을 취조하는 아렌트는 "승진을 위해 명령에 따랐을 뿐"이라는 뻔뻔한 학살자에게 격분한다. 자신의 잘못과 책임을 인정하지 않는 아이히만을 향해 서류 다발을 던지며 외친다. "고통을 멈추게 할 수 있었는데 서명 하나로 모든 걸 결정했잖아요. 무슨 영화를 얻겠다고 15만 명의 유대인들을 떠나게 만든 거죠?" 그가 가스실에서의 대학살을 '최종해결책'이라고 표현하자 아렌트는 화를 낸다. "최종해결책. 이 최악의 비극이 아니었다면 이 말장난이 재밌을지도 모르겠어요. 본인이 계획하고 관리하며 조직한 대량학살을, 아이히만은 원치 않았다니. 너무 우스꽝스럽잖아요."

『예루살렘의 아이히만』에 기초했지만 결이 다르다

두산아트센터에서 지난해 여름에 공연했던 연극 '아이히만, 암흑이 시작하는 곳에서'는 2022년에 산울림 소극장에

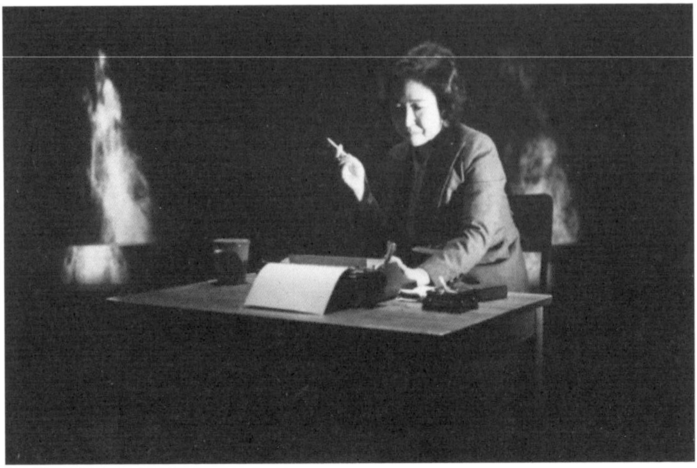

© 극단 파수꾼

서도 공연했던 작품이다. 이은준 연출에 차유경이 아렌트, 김수현이 아이히만 역을 맡은 것은 그대로인데, 넓어진 무대는 극의 여러 효과를 높여준다. 연극은 아렌트의 책 『예루살렘의 아이히만』을 뼈대로 한 것이지만, 이탈리아 극작가 스테파노 마시니의 희곡을 원작으로 하고 있다. 마시니의 희곡은 아렌트의 저작과 구성과 결이 다르다는 점에서 독자적인 창작물이다. 그러니 연극을 관람할 때는 『예루살렘의 아이히만』에 대한 기억일랑 접어두고 오롯이 마시니의 극에만 집중하는 것이 낫다.

30여년의 연기생활을 거쳐 이제 역사의 무게를 소화해내는 연기의 경지에 도달한 차유경의 연기를 보는 것만으로도 연극 아이히만은 볼만하다. 그 난해한 대사들을 순간의 막힘도 없이, 담긴 의미대로의 표정을 지어가며 연기하는 차유경을 보노라면 '믿고 보는 배우'라는 말의 의미를 이해하게 된다. 아이히만 역을 맡은 김수현도 "그저 명령에 복종했을 뿐"이라고 변명하는 뺀질뺀질하고 비겁한 인간형을 잘 표현하고 있다. 무엇보다 분노에 찬 얼굴로 아이히만을 공박하는 아렌트의 모습은 악이 심판 당하는 것을 보고싶어 하는 관객들의 정의로운 욕구에 부합한다. 그래서 연극 아이히만은 '예루살렘의 재판'에 대해 아무것도 모르는 관객에게도

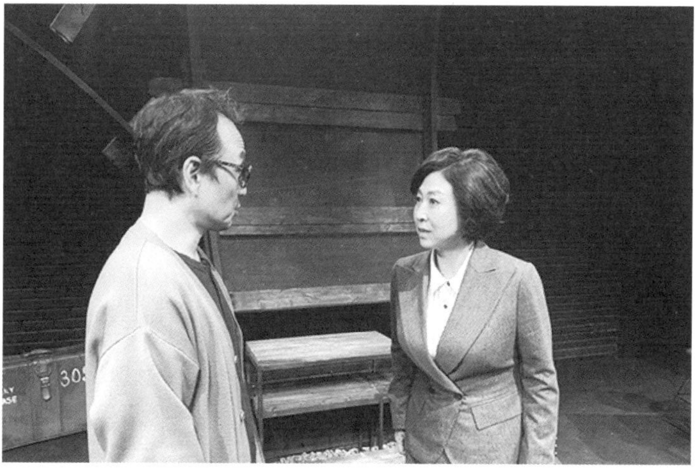

© 극단 파수꾼

연극 자체로 다가갈 수 있는 작품이다.

'악의 평범성'을 둘러싼 그동안의 논쟁

다만 아렌트의 보고서는 태생적으로 논쟁적이었고, 이 연극에서 표현된 아렌트의 모습 또한 논쟁적일 수 있다. 아이히만은 법정에서 이렇게 말했다. "나는 괴물이 아니다. 나는 그렇게 만들어졌을 뿐이다." 그래서 아렌트는 아이히만의 세 가지 무능력을 말한다. '말하는데 무능력함', '생각하는데 무능력함', '타인의 입장에서 무능력함'이 그것이다. 아렌트가 본 아이히만은 "자기가 무슨 일을 하고 있었는지 전혀 깨닫지 못했던 자"였다. 익히 알려진 '악의 평범성Banality of Evil'이라는 개념이 등장하는 과정이다.

그러나 아렌트의 책이 발간되자 '악의 평범성'은 아이히만을 사실상 용서해준 것이라는 비판이 사방에서 제기된다. "아이히만은 사형을 면하기 위해 혼신의 연기를 다했는데, 아렌트를 속이는 데는 성공적이었다. 사람들의 관심이 아이히만이나 홀로코스트가 아니라 '악의 평범성'으로 가버렸다." (베티아 스탕네트, 『예루살렘 이전의 아이히만』) 스탕네트는 아이히만이 아르헨티나에 숨어있을 때 남긴 기록들을 살펴보았다. 그리고는 자신의 책을 통해 아이히만이 확고한 반유대주의자였고 자신의 행동이 낳을 결과를 명확히 알고 있었다며 아렌트를 반박한다. 아르헨티나로 도피한 이후에도 아이히만은 "천만여 명의 적이 죽었다면, 우리는 임무를 완수할 수 있었을 텐데"라고 말하는 확신범이었다는 것이 스탕네트의 설명이다. 유대인 사회에서는 아렌트가 아이히만에게 면죄부를 주었다는 비판과 원성이 자자했다. 아렌트의 많은 동료들이 그녀와의 절교를 선언하기도 했다.

하지만 아렌트가 아이히만을 용서했다는 해석은 오독에 가깝다. "내가 '하지만 그는 전형적인 살인자는 아니에요' 하고 말할 때 그 말은, 그가 그런 살인자보다 더 나은 사람이라는 뜻이 아니에요. 내가 뜻하는 바는 그가 끝없이 악한 존재라는 거예요. 우리가 '범죄 본능'이라고 부르는 것을 그가 전혀 갖고 있지 않았다고 해도 말이에요."

아렌트는 아이히만에게 사형을 선고해야 한다는 입장을 견지했던 지식인이었고 그를 용서해야 한다는 생각은 전혀 갖고 있지 않았다. "정의는 훼손됐던 질서를 회복해야 해요. 이건 질서를 훼손한 당사자들이 우리가 지금 논의하는 사람들이 유죄판결을 받아야지만 성공하는 치유 과정이죠." (『한나 아렌트의 말』) 아렌트는 독일인들이 자신들 가운데 살인자를 두고서도 계속 살아갈 수 있다고 생각한다면, 그건 "유대인의 명예와 품위에 반하는 생각"임을 분명히 했다.

아렌트에 대한 오해는 '악의 평범성'이라는 표현에서 기인한다. 아렌트는 후일 인터뷰를 통해 '평범성'이라는 표현의 의미를 이렇게 설명한다. "내가 하려던 말은 오히려 그 반대예요! 나는 내가 누군가를 꾸짖으면 그들이 내가 들어본 적도 없는, 그래서 전혀 흔하지 않은 말을 하는 모습을 완벽하게 상상할 수 있어요. 그러면 나는 "너무 평범해. 진부하다"라고 말해요. 아니면 "별로 안 좋아" 하고 말하거나요. 그게 내가 말하려던 뜻이에요." 그러니까 'banality'는 책임을 회피하는 아이히만의 법정 진술이 식상하고 진부하다는 의미였지, 그의 범죄가 평범한 것이라는 의미가 아니었다.

한나 아렌트가 말하려고 했던 것

또한 『예루살렘의 아이히만』을 읽었던 사람이라면 스테파노 마시니의 희곡에 기초한 이 연극을 보다가 당혹스러울 수 있다. 어, 아렌트는 아이히만의 재판을 기록하면서 분노하지 않았던 냉철한 학자였는데, 그렇다면 이 연극은 아렌트의 생각에서 이탈한 것인가. 굳이 설명하자면 마시니는 아이히만의 행위가 낳은 결과에 대한 분노를 극으로 표현했다.

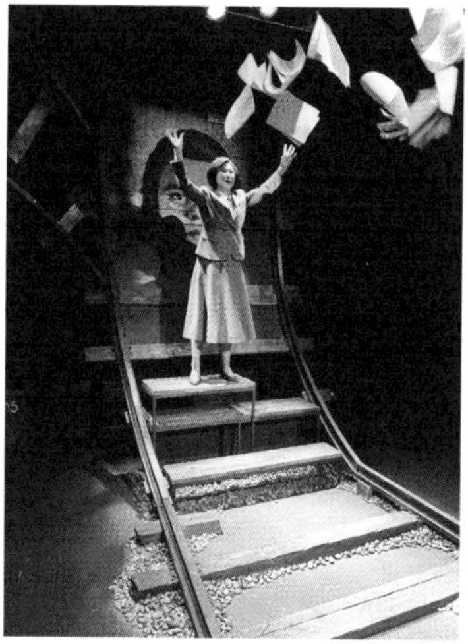

2년전 산울림 소극장에서의 공연 © 극단 파수꾼

반면 아렌트는 정치철학자로서 그런 악의 행위를 낳은 뿌리가 무엇이었는지, 아이히만 같은 인간이 어떻게 탄생한 것인가에 대한 본질을 천착한 것이다. 그러니 아렌트의 책과 마시니의 극은 상호보완적이라고 받아들이는 것이 적절하다.

만약 당신이 아이히만 재판을 지켜봤다면 어떤 태도를 취하겠는가. 마시니의 극에 등장하는 아렌트처럼 아이히만을 향해 서류 뭉치를 던져가며 분노하겠는가, 아니면 냉정한 보고서를 기록한 아렌트처럼 근원적인 성찰의 질문을 던지고 있겠는가. 아마도 현실세계 대부분의 사람들은 분노하는 아렌트의 모습에 박수를 보낼 것이다. 그것이 인간 본성에

자리한 정의와 상식에 부합되기 때문이다. 하지만 박수만으로는 해결할 수 없는 '우리'의 문제를 제기했다는 점에서, 인간의 심연으로 다가가려는 아렌트의 모습은 그것대로 귀한 가치를 갖는다. 분노는 종종 특정 개인을 향한 것이 되지만, 성찰의 질문은 우리 모두를 일깨울 수 있기 때문이다.

아렌트가 말하려고 했던 것은 아이히만 개인이 아니라 인간 자체에 대한 것이었다. 연극에서 차유경은 아렌트를 대신해서 이렇게 말한다. "용기는 영혼의 빛입니다. 그리고 용기를 냈을 때 존엄성을 가질 수 있는 거죠. 존엄성은 인간의 일부고 누구나 가져야 하는 겁니다." 결국 인간이 어떻게 할 때 자신의 존엄성을 포기하게 되는가에 대한 얘기이다. 그러니 연극 '아이히만, 암흑이 시작하는 곳에서'는 보고서 『예루살렘의 아이히만』과 같은 뿌리, 다른 표현이다.

"이처럼 현실로부터 멀리 떨어져 있다는 것과 이러한 무사유가 인간 속에 아마도 존재하는 모든 악을 합친 것보다도 더 많은 대파멸을 가져올 수 있다는 것. 이것이 사실상 예루살렘에서 배울 수 있는 교훈이었다." (『예루살렘의 아이히만』)

자유를 찾아 쇼팽과 이별했던 조르주 상드

산울림 편지콘서트 〈쇼팽, 블루노트〉

쇼팽: 난 늘 당신과 함께였어… 그런데 당신 곁에는 나만 있었나? 당신의 그 수많은 친구들, 언제나 정신없고 떠들썩한 술자리, 도를 넘는 관계들, 그 속에서 누구와도 거리낌 없이 어울리는 당신, 난 그런 걸 바란 게 아니었어. 내 피아노는, 그런 방탕한 소음을 더 이상 견뎌낼 수가 없어.

상드: 당신 고향과 비슷한 곳에서, 당신을 행복하게 해주고 싶었어. 당신의 건강을 회복시키고 싶었어. 당신의 그 아름답고 고귀한 음악이 태어나는걸, 함께 지켜보고 싶었어. 하지만 언제까지나 당신만 바라보고 살 수는 없어. 나도 예술가야. 난 이

시대의 많은 사람들로부터 영감을 받아. 그게 필요해.

쇼팽과 상드, 운명적 사랑과 이별의 이야기

쇼팽과 조르주 상드의 9년간에 걸친 사랑과 이별의 이야기를 담은 음악극 〈쇼팽, 블루노트〉에는 두 사람 사이의 격한 언쟁이 나온다. 폐결핵 등으로 병약했던 쇼팽에게 상드는 삶과 음악의 버팀목 같은 존재였다. 상드는 아픈 쇼팽을 계속 돌봤다. 하지만 쇼팽은 갈수록 병이 악화되면서 점차 예

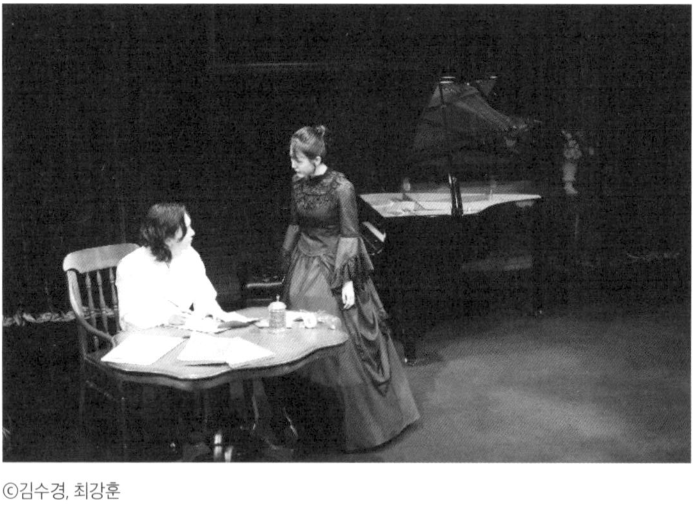

©김수경, 최강훈

민해졌고 쇼팽을 돌보는데 지친 상드는 자유로워지고 싶은 열정과 욕망을 표현한다. “내 영혼은 언제나 당신과 함께 할 거야. 하지만 내 열정과 욕망은, 자유로워야 해. 그래야 내가 살 수가 있어.”

극에 나오는 대사는 실제 대화는 아니다. 스토리의 대강은 사실에 기반하면서도 구체적인 내용은 창작이다. 하지만 허구라고만 하기에는 충분히 그랬을 만한 내용들이다. 내가 쇼팽이었다면, 내가 상드였다면, 저 상황에서 충분히 저런 얘기를 했을 것만 같다.

소극장 산울림에서 지난해 12월 14일부터 31일까지 공연된 음악극 〈쇼팽, 블루노트〉는 10년 동안 계속된 ‘산울림 편지콘서트’의 2023년 판이다. 클래식 라이브 연주와 드라마를 통해 불멸의 음악가들의 삶과 음악을 재조명하는 ‘편지콘서트’는 그동안 베토벤, 모차르트, 슈만, 슈베르트, 브람스, 차이코프스키, 드보르작 등을 다룬 음악극을 무대에 올려왔다.

지난 연말에는 ‘피아노의 시인’ 쇼팽의 일생을 다룬 극을 무대에 올렸는데, 특히 상드와의 관계에 초점이 맞춰졌다. 극의 초반부에는 쇼팽의 병약한 몸과 천재성, 타지 생활로 인한 고립을 중심으로, 중반부에는 상드와의 운명적인 사랑, 후반부에는 상드와의 이별 이후에 닥친 외로운 죽음의 얘기

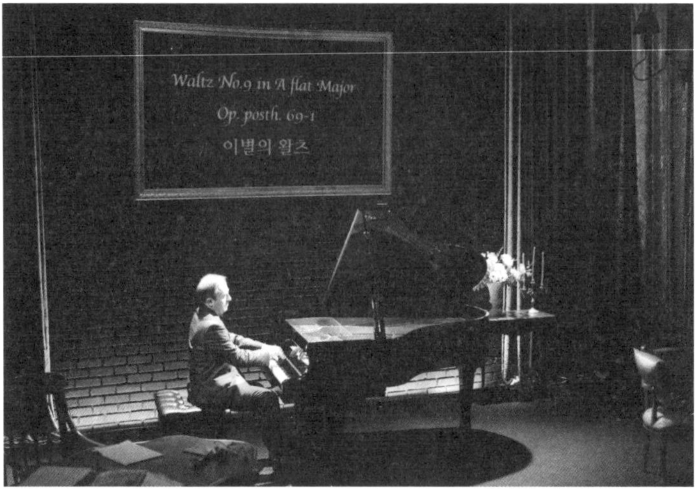

가 펼쳐진다.

쇼팽을 향한 상드의 불만과 원망

사회주의 운동을 했지만 폭력적인 혁명에는 반대했던 소설가 상드는 1838년부터 쇼팽과 연인 관계를 맺었다. 극은 상드가 39세의 나이로 세상을 떠난 쇼팽의 삶과 음악을 시간 순서대로 회상하는 형식으로 전개된다. 천재적인 음악적 재능으로 폴란드 국민들로부터 '새로운 모차르트의 탄생'이라는 칭송을 받던 쇼팽이었지만 조국의 불안한 정세와 자신의 음악적 미래에 대한 고민 속에 넓은 세상인 파리로 간다. 쇼팽은 그곳에서 자유로운 영혼을 지닌 소설가 상드를 만나 운명적인 사랑에 빠진다.

두 사람은 성격과 성향은 달랐지만 서로를 존중하며 오랫동안 좋은 연인 관계를 유지했다. 하지만 문제는 쇼팽의 병이었다. 쇼팽은 갈수록 건강이 악화된다. 극에서는 상드가 마요르카 섬으로 가면서 선뜻 쇼팽과 동행한 것으로 나오지만, 상드의 자서전을 보면 큰 부담을 의식하고 고민했음이 나타난다.

상드의 아들 모리스도 병을 앓고 있어서 상드가 돌보았는데, 쇼팽은 자기도 모리스처럼 해주면 병이 나을 수 있겠다며 함께 마요르카로 가기를 원한다. "나는 그 말을 믿었지만 내 생각은 달랐다. 나는 여행에서 그를 모리스와 똑같이 생각하지는 못했다. 단지 그 곁에 있는 사람으로 생각했을 뿐."(조르주 상드, 『내 생애 이야기』)

상드는 두 사람이나 돌봐야 한다는 것을 무척 부담스러워했다. 하지만 주변 사람들의 권유를 받아들여 결국 쇼팽의 바람대로 함께 간다. 그러나 얼마 후에 "그들의 바람대로, 또 나 스스로 쇼팽을 배려하는 마음으로 함께 떠나자는 생각을 받아들인 것은 잘못이었다"고 후회한다. '두 아이'를 데

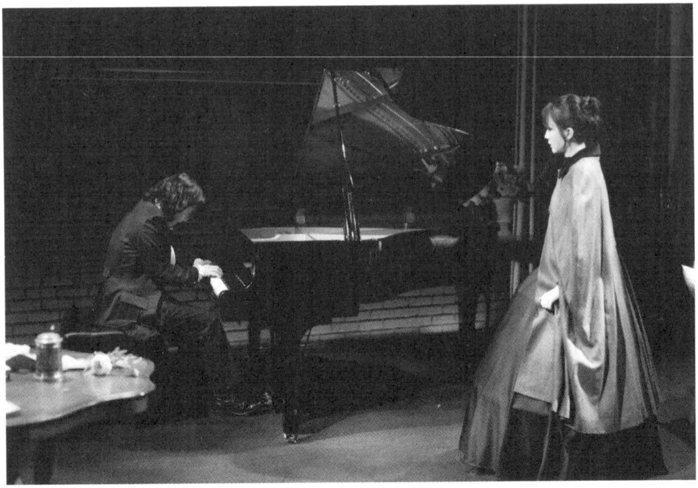

리고 외국에 가는 것만도 상드에게는 이미 버거운 일이었다.

상드는 쇼팽을 사랑했지만 가족 관계까지 맺을 의사는 없었다. "처음에는 모든 것이 아주 좋았다. 그래서 나는 쇼팽이 우리와 함께 여름 동안 잘 쉬면서 건강을 되찾고 겨울에는 자연히 파리로 불려 가게 될 것으로 생각했다. 그래도 내 인생에서 이 새로운 친구와 함께 가족으로 얽힌다는 것은 깊이 생각해 봐야 할 문제였다." 쇼팽의 병도 병이었지만, 상드는 쇼팽에게 묶이는 삶을 애당초 원하지 않았던 것 같다.

자유로운 영혼이고 싶었던 상드

급기야 극의 후반부에서는 쇼팽과 상드의 말싸움이 계속된다. 병이 악화될수록 상드에게 의존하려는 쇼팽, 쇼팽을 돌보는데 발목이 잡혀 작가로서의 자유를 잃어버렸다고 생각하는 상드의 갈등은 피할 수 없는 것이었다. 상드의 자서전에도 쇼팽에 대한 여러가지 원망의 얘기들이 나온다.

"그는 원래 겸손하고 보통 따뜻한 사람이었다. 하지만 원초적인 감각에 있어 양보를 모르고 자기 자신도 모르는 교만함으로 가득 찼다. 그것은 천재인 그에게는 너무나 정당한 것이었다." "그는 현실을 받아들이지 않았다. 여기에 그의 악덕과 미덕, 위대함과 비참함이 있었다. 부담스러운 것은 조금이라도 책임을 지려 하지 않으면서 그는 아주 작은 빛에도 뜨겁게 열광하며 그의 상상력은 그 태양을 보기 위해 어떤 것이라도 지불하며 솟아올랐다. 그래서 그는 자기가 좋아하는 대상에게 따뜻했으며 동시에 잔인했다." 상드는 쇼팽의 자기중심적인 모습이 무척 싫었던 모양이다.

쇼팽과 상드는 그렇게 갈등하다가 결국 이별했지만 사이가 나빴던 것은 아니다. "우리 둘 사이는 그렇게 뜨겁지도 않았고 그렇게 고통스럽지도 않았다. 우리 이야기는 소설하고는 전혀 달랐다. 우리 관계는 그렇게 서로가 싸우기에는 너무나 밋밋하고 너무나 진지했다. 나는 내 삶과 동떨어진 쇼팽의 삶을 있는 그대로 인정했다…. 또 쇼팽도 이런 점에서 나와 생각이 같았고 그의 삶에서 정말 예외적인 우정으로 나를 존중해주었다."

두 사람은 오랜 기간 서로 존중하며 조화로운 관계를 유지할 수 있었다. 무엇보다 상드는 쇼팽이 가진 음악적 천재성을 높이 사고 있었다. "쇼팽의 천재성은 이 세상에 존재하는 그 어떤 것보다 깊은 감수성으로 가득 차 있다는 것이었다. 그는 단 하나의 악기로 무한의 언어를 이야기하게 했다. 어느 때는 아이도 연주할 수 있는 10줄의 악보에 무한한 승천의 시와 그 어느 것과도 견줄 수 없는 역동적인 드라마를 담아낼 수 있었다."

외로웠던 죽음을 음악으로 아름답게 남긴 쇼팽

95분의 극에 쇼팽의 일생을 담으려니 스토리는 대단히 압축적으로 전개된다. 연기자로는 쇼팽 역의 류영빈, 상드 역의 이다해, 두 배우만 출연한다. 그래서 단순할 것 같은 이 극의 진짜 매력은 쇼팽의 피아노곡들을 라이브 연주로 들을 수 있다는 점에 있다. 피아니스트 쿠르카 피오트르와 히로타

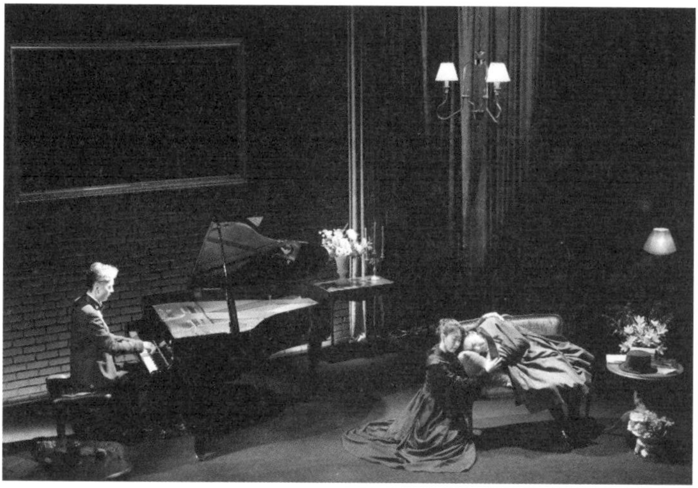

슌지가 날자별로 번갈아 가면서 연주했다. 쇼팽의 녹턴을 비롯해서 대표적인 피아노곡 9곡을 연극 스토리에 맞춰 라이브로 들으니 연극과 연주회를 한꺼번에 즐길 수 있다.

쇼팽과 상드의 얘기를 다룬 소설 『장송』의 작가 히라노 게이치는 상드와 관계가 나빴던 딸 솔랑주를 쇼팽이 돕는 데서 갈등의 원인을 찾는다. 하지만 극에서도 나오듯이 그 일도 영향을 주기는 했지만 갈등의 핵심은 상드가 쇼팽에게 지쳤다는데 있었다. '긴 병에 장사 없다'는 말이 있다. 쇼팽과 상드의 경우도 다르지 않았다.

우리가 살면서 종종 보기도 하고 겪기도 하는 일이다. 사랑은 아픈 사람을 돌볼 수 있는 힘과 용기를 준다. 하지만 그것이 끝을 모르는 일방적인 희생이 될 때 사람들은 번민하고 갈등하며 상처받는다. 극의 마지막은 쇼팽이 외롭게 죽는 것으로 끝난다. 그는 병마로 고통받으면서도 곡을 만들기 위해 피아노에 매달렸다.

얼마전에 짐머만의 피아노 리사이틀을 관람했다. 마침 쇼팽의 여러 곡들이 연주됐다. 특히 인상적이었던 것은 피아노 소나타 2번 '장송행진곡'이었다. 처연한 장례의 발걸음 소리가 들리는 듯했다. 1839년 쇼팽이 상드와 함께 노앙에 있을 때 만들었던 곡이다.

상드는 쇼팽의 건강이 악화된 그 무렵에 만들었던 곡들은 모두 걸작이었으며 "그중 몇 곡은 죽은 수도사들의 환영과 그들을 둘러싼 죽음의 노래에 대한 생각을 담고 있었다"고 말했다. 쇼팽은 자신에게 다가오는 죽음을 마주보며 곡을 만들었던 것이다. 그런데 '장송행진곡'을 들으며 죽음이 이렇게 아름답게 들려도 되는 것인가 생각했다. 자신의 외로운 죽음조차 아름답게 남긴 쇼팽이었다. 그러니 쇼팽과 상드가 함께했던 시간도 이별로 끝나기는 했지만 우리에게 아름다운 이야기로 남는다.

치매에 걸린 아버지와 딸의 슬픈 사랑 이야기

전무송-전현아 부녀의 연극 〈더 파더〉

우리들의 아버지는 여러 얼굴로 기억되곤 한다. 내가 어렸을 때 무척이나 나를 예뻐했던 아버지, 중년 시절에는 큰소리도 치고 호령도 하던 힘센 아버지, 나이가 들어가면서는 여기저기서 힘도 잃고 밀려나 점차 측은해지는 아버지, 그래도 고집만은 살아있어서 자식 말은 들으려 하지 않는 불통의 아버지. 사랑만 하자니 어떨 때는 밉기도 하고, 미워하자니 이제는 불쌍한 감정이 드는 우리들의 아버지이다. 지난 명절 때 만났던 여러분의 아버지는 안녕하셨는지. 여기 안녕하지 못한, 앞으로도 안녕할 수 없는 아버지의 얘기가 지난해 추석 연휴 기간에 무대 위에 올려졌다. 세종문화회관 S씨어터에서 9월 19일부터 10월 1일까지 공연했던 연극 〈더 파더The Father〉 얘기다.

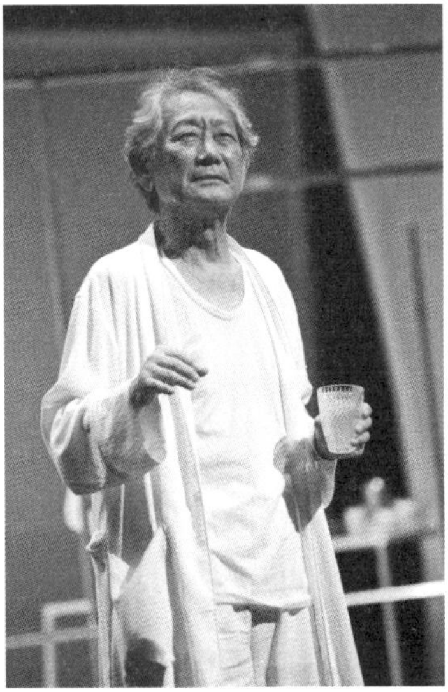

ⓒ스튜디오 반

영화 <더 파더>의 감동을 연극으로 재현

영화를 좋아하는 사람이라면 국내에서 상영되었던 같은 제목의 영화를 기억할 것이다. 안소니 홉킨스와 올리비아 콜맨이 주연했던 영화 〈더 파더〉의 여운은 오래도록 남아있다. 영화 〈더 파더〉도 치매에 걸린 노년의 아버지와 그를 돌보는 딸 사이에서 벌어지는 일들, 그 속에서 드러나는 갈등과 사랑과 슬픔의 얘기를 담은 영화였다. 영화에서는 치매에 걸려 기억들이 뒤엉켜 버리고 모든 것이 뒤죽박죽 돼버린 혼란을 겪으며 무너져가는 아버지의 모습을 안소니 홉킨스가 너무도 실감나게 연기했다. 그래서 제93회 아카데미 시상식에서 남우주연상과 각색상을 받는 등 여러 국제영화제에서도 수상하고 호평을 받았다.

연극도 영화와 같은 원작이다. 영화의 감독이기도 했던 플로리안 젤러의 희곡을 원작으로 하고 있다. 연극 또한 주목받아 여러 상을 받았다. 2012년 파리에서 상연되어 몰 리에르 어워드 최우수 작품상을 받았고 그 뒤 런던과 브로드웨이에서도 상연되며 토니상과 올리비에상을 수상하기도 했다.

영화와 연극 모두 같은 원작에 바탕했기에 스토리 라인은 다르지 않다. 영화에서 나왔던 주요 장면들이 무대 위에서도 그대로 나온다. 영화를 한번 봤던 사람에게는 같은 장면을 연극에서는 어떻게 다루는가를 비교하며 보는 것도 관람 포인트가 된다. 연극에서는 가용 가능한 장치들이 적기에 연출의 효과가 영화에 비해 떨어질지 모른다고 얼핏 생각이 들 수도 있다. 하지만 오히려 연극에서 더 극적인 효과가 나오는 장면들도 적지 않다.

예를 들어 딸과 동거하는 피에르(양동탁)는 치매에 걸린 아버지 앙드레(전무송)를 위협하며 공포를 자아내는 인물이다. 연극에서는 앙드레가 겪는 불안과 공포심을 표현하기 위해 조명과 음악 등에서 긴장을 고조시키는 무대 효과들이 연출되곤 한다. 눈앞에서 벌어지는 연극의 장면들은 스케일은 작지만 영화 이상의 긴장감을 전해준다. 하지만 그것이 실제 상황인지 앙드레의 환각인지는 불분명하다. 피에르는 딸 안느(전현아)과 함께 있을 때는 온순한 사위 같은 모습을 하다가, 단둘이서만 있게 되면 "주변 사람들을 언제까지 고통스럽게 할 것인가"를 따져 물으며 "시설로 보낼 것"이라고 위협한다. 두 가지 모습의 피에르 가운데 어느 것이 진짜

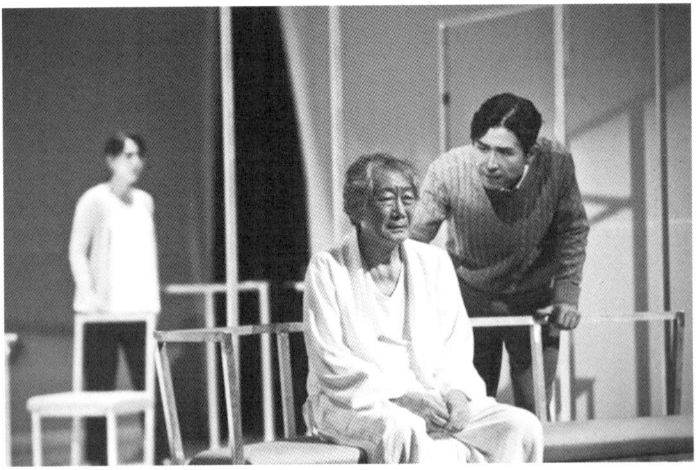

이고 어느 것이 가짜인지는 앙드레에게만 혼란스러운 것이 아니다. 연극을 보는 내내 관객들도 겪게 되고, 끝내 모른 채 공연장을 나가게 되는 의도된 혼란이다.

치매에 걸린 아버지의 시선으로 보는 세상

이러한 혼란은 연극이 아버지 앙드레의 시선에서 전개되기에 생겨나는 현상이다. 관객들은 치매에 걸린 사람의 눈에는 세상이 어떻게 보이는가를 함께 경험하게 된다. 딸 안느의 극진한 돌봄 노력에도 불구하고 앙드레의 치매 증상은 시간이 갈수록 악화된다. 과거에 있었던 일과 현재의 일이 분간되지 않고, 사람에 대한 기억이 뒤죽박죽 뒤바뀐다.

딸은 피에르와 함께 런던으로 이사해야 한다고 앙드레에게 말했지만, 잠시 후에 나타난 딸은 자기는 그런 말을 한 적이 없다고 한다. 앙드레는 집으로 찾아오는 간병인을 착각하고, 사고로 죽은 작은 딸을 살아있는 것으로 착각한다. 항상 시계를 차고 시계가 어디로 갔는지 찾는데 집착하지만 정작 제대로 시간 구분을 하지 못한다. 공간도 혼란스럽기는 마찬가지이다. 간병인들과 계속 문제가 생겨 할 수 없이 딸의 집에 가 있으면서도 앙드레는 자기 집이라고 착각한다. 이런 상황들이 반복되는 한복판에서 앙드레는 자기가 겪은 일이 실제인지 환각인지를 알 수가 없어 괴로운 혼란에 빠지곤 한다.

그렇다고 앙드레가 속절없이 자기를 내려놓았을까. 자존심을 갖고 살아온 사람이라면 아무도 쉽게 그러지는 않을 것이다. 앙드레 또한 자기가 치매에 걸린 사실을 좀처럼 받아들이지 않으려 했다. 자기가 다른 곳에 놓은 시계를 다른 사람이 가져갔을 것으로 의심하여 책임을 전가한다. 처음 온 간병인에게 자기가 과거에 무용수였다거나 마술을 할 줄 안다는 식의 거짓말 허풍을 떤다. 자기가 착각을 하고서도 실수를 인정하지 않으려 한다. 앙드레는 그런 방식으로 허물어져 가는 자존심을 지키려 한다. 그러나 치매는 의지로 이겨내는데 근본적인 한계가 있는 병이 아니던가. 인정하고 싶지 않지만 앙드레는 갈수록 엉망진창이 되는 자신의 모습을 발견하게 되고 그 상황을 받아들일 수밖에 없다.

아버지의 마지막 질문, "대체 나는 누구요?"

결국 앙드레는 앞날에 대한 불안과 공포, 그리고 수치심과 고통 속에 갇히게 된다. 시간과 공간과 사람들, 자신을 둘

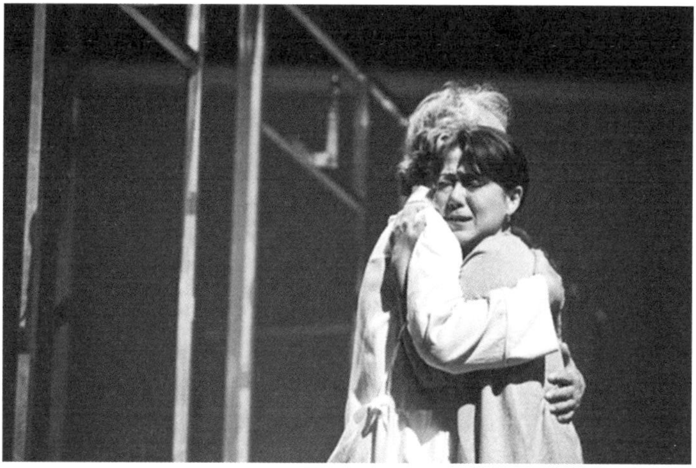

러싼 모든 것들이 뒤엉켜버린 의식 세계 속에서 그는 괴로워한다. 더 이상 버틸 수 없는 한계 상황에 직면한 앙드레는 묻는다. "대체 나는 누구요."

결국 요양시설의 보호사 앞에서 아이의 모습이 되어 엄마를 찾으며 울고 있는, 늙고 힘없는 아버지 앙드레. 슬프게 흐느끼고 있는 그의 모습을 보면 인생이란 대체 무엇인가를 떠올리게 된다. 아기로 태어나서 결국 저렇게 다시 아이의 모습이 돼버리는 인간이라는 존재는 기실 얼마나 유약한 것일까. 그런데 그런 인간들이 모여사는 세상은 왜 이렇게 난폭하고 거칠기만 한 것일까. 마치 세상이 온통 자기 것인 양, 권력과 부와 출세의 욕망에 도취되어 살아가는 우리 시대의 삶을 돌아볼 계기를 던져주기도 하는 작품이다.

주인공 앙드레 역을 맡은 전무송은 섬세한 감정 표현으로 안소니 홉킨스와도 같은 출중한 연기를 보여주었다. 곧 배우 생활 60년을 맞는 전무송은 최근 건강이 좋지 않았지만, "이 공연이야말로 오랫동안 경험해서 얻어진 내 능력 가지고 해낼 수 있는 공연이 아닌가? 그러니까 여기에 최선을 다해보자"고 생각하게 되었다고 한다. 게다가 실제 딸인 전현아가 연극 속의 딸로 출연했다. 전현아는 "사실은 연습하는데 실제 저와 역할이 자꾸 겹쳐지니까 마음이 너무 아프더라"고 토로했다. 연극 속에서 치매 아버지를 돌보는 딸 전현아의 얘기이다.

내가 치매에 걸린다면 어떻게 하게 될까

"갑자기 '산불'(차범석 작, 1962)의 김노인이 떠오르네요. 세상 모르고 "에미야 밥 다오" 반복하는 김노인에게 양씨가 "아이고 저 망령 난 늙은 노인이 죽지도 않는다"고 하는 장면요. 기억이 사라지고, '나'가 사라지는 알츠하이머 치매 겪고 있는 화자. 나의 시선으로 바라보는 세상을 함께 보시면서 '이런 혼돈 이런 혼란 속에 있구나. 그렇다면 나(가족)는 어떻게 받아들이고, 대처해야 할까', 이런 생각을 좀 가질 수 있는 시간이 되면 좋겠습니다." (〈더 파더〉 프로그램 북 인터뷰)

치매는 그 자체로 육체적 고통을 수반하지는 않지만 인간에게 사실은 가장 슬픈 병이다. 자기 자신을 잃어버리는 병이기 때문이다. 치매에 걸린 사람은 뇌 속에 저장되어 있던 기억의 정보들이 삭제되고, 의지에 상관없이 자기 본래의 모습을 지키는 것이 불가능해진다. 나를 전혀 다른 사람으로 바꿔놓는, 정체성을 상실하게 만드는 것이 치매다. 내가 누구인지를 알지 못하게 되고, 자식조차 알아보지 못하게 되니 이렇게 슬픈 병이 어디 또 있겠는가. 하지만 치매에 걸렸다고 해서 그 사람이 없어지는 것은 아니다. 분명 사람은 달라졌지만, 내가 사랑했던 그 사람은 여전히 우리 앞에 남아있다.

우리 사회에서 치매 인구가 90만명을 넘어섰다고 한다. 노인 10명 가운데 1명꼴로 치매 환자가 된다는 얘기이다. 〈더 파더〉가 진한 감동을 주는 이유는 더 이상 영화나 연극 속의 얘기가 아니라 우리들의 얘기이기 때문이다. "내가 앙드레라면 어떻게 될까", "내가 안느라면 어떻게 해야 할까"를 생각하게 만든다. 특별한 사건도 없이 그저 일상의 얘기들만 이어진 연극이 가장 슬프고도 아름답게 느껴지는 이유이다.

1세대 신여성 작가 김명순, 비운의 삶과 문학

100년만에 무대에 올려진 연극 〈의붓자식〉

"조선아 내가 너를 영결할 때/ 개천가에 고꾸라졌던지/
들에 피 뽑았던지/ 죽은 시체에게라도 더 학대해다오/
그래도 부족하거든/ 이 다음에 나 같은 사람이 나더라도/
할 수만 있는 대로 또 학대해보아라/
그러면 서로 미워하는 우리는/ 영영 작별된다/
이 사나운 곳아,/ 사나운 곳아"

지난해 11월 3일부터 5일까지 대학로 아르코예술극장에서 공연했던 '문화다방 이상한앨리스'의 연극 〈의붓자식〉에서 주인공 성실이 낭독한 자작시의 구절이다. 시의 제목은 '유언'.

자신의 삶을 희곡으로 썼던 김명순

아버지의 폭력적인 중혼으로 의붓자매가 된 세 딸의 이야기를 그린 이 작품은 주인공 성실의 실제 인물인 작가 김명순이 1923년에 썼던 희곡을 연극으로 만든 것이다. 첫째 딸 성실과 막내 탄실의 어머니는 오래전에 극단적인 선택으로 세상을 떠났다. 둘째 부실의 어머니가 집안을 장악하여 의붓자식들을 핍박한다. 예술가적 재능을 갖고 있던 성실은 일본 유학까지 다녀온 1세대 신여성이지만, 의붓자식이라는 벽 앞에서 자신의 꿈을 펴지 못한다.

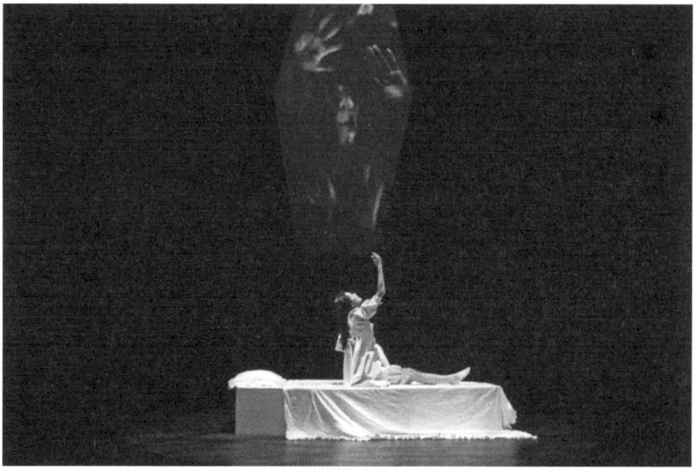

연극 <의붓자식> ©김명집/문화다방 이상한앨리스 제공

성실은 자신이 원하는 것들을 하기 위해 몸부림치만 병마까지 겹쳐서 고통의 나날을 보낸다. 게다가 아버지는 성실의 연인 영호를 반강제로 둘째 딸 부실과 결혼시키는 일까지 벌여 성실의 가슴에 못을 박는다. 의사인 영호는 성실을 계속 치료하면서 성실을 잊지 못하지만 성실은 결국 스스로 죽음을 택한다. 성실이 죽음을 선택하는 데는 자신을 가두는 속박에 대한 항거의 의미가 실려있다. 성실은 영호에게 말한다.

"어차피 당신은 두 애인의 그 주인 남편처럼 되었을 거요. 결국은 나를 소유함으로써 사랑하고 싶었을 것이오. 그렇게 된다면 나의 예술도 나의 존재도 사랑도, 이 세상에는 존재하지 않는 것이오. 내 길을 간다 할지라도 갈수록 남의 길일 것이며 남아 보이는 것이 학대뿐일 것이오."

"사람은 언제든지 자기를 믿고 사는 것"

성실은 연인에게조차 구속당하지 않는 주체적인 삶, 자기의 길을 원했던 것이다. 성실이 세상에 대한 항거의 의미를 담은 죽음을 택한 연극의 결말은 원작인 김명순의 희곡과는 결이 다르다. 원작에서는 연인마저 빼앗긴 성실이 슬프고 가련하게 죽어가는 것으로 되어있는데, 윤사비나 연출의 이번 공연에서는 가부장적 사회의 속박에 저항하며 죽음을 택하는 신여성의 주체적 선택을 부각시켰다. 그래서 연극의 마지막에 성실이 세상을 떠나는 장면은 문을 열고 환한 세상으로 나가는 은유로 표현되고 있다. 죽음을 앞둔 성실은 이렇게 말한다.

"사람은 언제든지 자기를 믿고 사는 것입니다. 외롭고 갈 데 없는 사람일수록 자유를 구하는 마음은 더욱 커지는 것입니다."

〈의붓자식〉에서 성실이 던진 이 말은 외로움과 고통 속에 갇힌 나머지 죽음을 통해 자유를 구하고자 했던 그녀의 마음을 표현한 것이다. 세상 사람들이 뭐라고 비웃고 손가락질하든, 성실은 자신을 믿고 자기 편에 서서 살아왔다. 이는 세상의 온갖 평판에 휘둘리지 않고 자신을 중심에 놓는 삶의 내공을 가진 사람만이 보일 수 있는 모습이다.

그렇다고 죽음을 택한 성실의 항거가 증오에 찬 것은 아니었다. 성실은 가부장적 사고로 자신에게 손가락질하는 사람들을 원망하기는 했지만, 원망과 증오를 넘어 사랑을 품은 넓은 사상을 가진 여성이었다.

성실: "사랑이 끊긴다 하면 곧 죽음이요, 멸망입니다. 그러나 난

멸망하지는 않을 것이오. 사랑은 무한대이외다. 우주가 무한대인 것과 같이 인생, 즉 사랑도 무한대이외다. 내 미움을 갈아 사람들에게 영생을 주시오."

영호: "나는 성실이의 의사로 왔소."

성실: "우리 곤란하더라도 희망하기로 해요. 나만은 기필코 내 편이 되어주렵니다."

자신을 고통 속에 몰아넣은 세상이건만 그래도 우리는 서로에 대한 사랑을 지켜야 한다고 믿었던, 그리고 나는 내 편이 되어야 한다고 믿었던 성실의 모습은 작가 김명순의 실제 모습이었다. 그래서 연극의 부제가 '100년 만의 초대'였다. 김명순이 1923년에 쓴 희곡이 100년만에 무대에 오르게 된다는 의미였다.

뛰어난 작가였지만 묻혀있던 김명순을 재조명

연극 〈의붓자식〉은 김명순의 희곡 「의붓자식」을 연출가 윤사비나가 원작을 그대로 옮기는 것이 아니라 새로운 질문과 해석을 던지면서 무대에 올렸다. 연극과 영화, 전시, 무용 등 장르의 구분없이 다방면으로 활동해온 윤사비나는 제작진들과 함께 머리를 맞대고 김명순의 희곡이 우리 시대에서 현재적 의미를 갖고 부활하는 길을 찾았다.

〈의붓자식〉의 주인공으로 나오는 성실은 김명순과 정확히 일치하지는 않는다. 연극에서는 탄실이 성실의 동생으로 나오는데, 탄실은 사실 김명순이 갖고 있던 여러 필명 가운데 하나이다. 김명순의 삶과 사랑을 담은 장편소설 『탄실』의 작가 김별아에 따르면 탄실은 김명순에게 추억의 이름이었다. 사랑하는 딸이 열매처럼 탐스럽게 여물기를 바라며 부모가 지어불렀던 이름이었는데, 김명순에게 사랑으로 충만했던 기억은 그때뿐이었기에 그녀는 탄실이라는 이름을 사랑했다는 것이다. 그래서 김명순의 작품들에서는 종종 탄실이라는 주인공이 등장하는데, 「의붓자식」에서는 자신이 아닌 동생으로 등장한다.

자신의 필명을 연극에서 동생의 이름으로 했던 데는 김명순 본인의 의도가 있었으리라 짐작된다. 그녀는 여러 개의 이름을 알렸다가 숨겼다 하는 과정을 되풀이하곤 했다. 자신을 세상에 알리고 싶은 마음과 숨기고 싶은 마음이 교차했던 기구한 사연을 엿볼 수 있다.

연극 속 성실이 겪는 일들과 벌어지는 사건들도 김명순

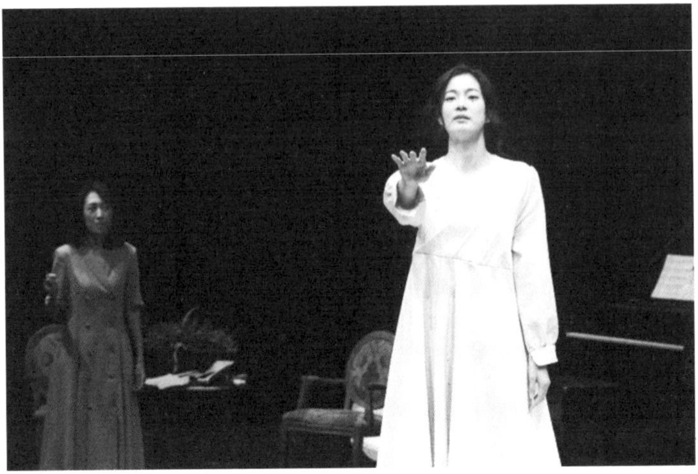

의 경우와 그대로 일치하는 것은 아니다. 하지만 연극 〈의붓자식〉 역시 김명순의 삶을 줄거리로 갖고 왔다는 점에서 원작의 흐름과 궤를 같이한다. 다만 100년 전의 원작은 어머니의 재산을 가로챈 아버지에 속고, 아버지의 후처로 들어온 계모의 딸인 이복동생에게 사랑하는 남자 영호마저 빼앗긴 채 죽어가는 가련한 여성으로만 그리고 있다. 반면, 2023년의 연극 〈의붓자식〉은 차별 속에서 속박당하고 사랑하던 사람도 잃었지만, 자기의 운명을 자신이 선택하고 결정하는 여성의 모습에 방점을 찍는다.

연극 〈의붓자식〉은 사람들에게는 아직 생소한 김명순을

100년만에 제대로 관심을 갖고 알게 되는 계기를 만들었다. 우리는 나혜석과 김일엽은 잘 알아도 김명순에 대해서는 제대로 알지 못해왔다. 윤사비나 연출가의 얘기이다.

"한국 근대문학의 첫 장을 연 여성 작가로 만난 '김명순'이라는 이름은 참으로 낯설기 그지없었습니다. 나혜석, 김일엽과 함께 신여성 1세대라 불리던 그는, 수많은 문학작품을 남긴 것은 물론 배우, 기자 등 다양한 활동을 통하여 목소리는 내던 당시로서는 상상하기 힘들 정도로 놀라운 인물이었습니다. 그리고 더욱 놀라운 것은 그를 기억하는 사람이 그리 많지 않다는 것이었습니다."

"그러나 김명순의 독특한 문체와 서사 방식에 매료되어 그가 남긴 흔적들을 좇아가며 점점 더 감탄했고, 안타까워했으며, 급기야 사랑에 빠졌다"는 것이 윤사비나 연출이 이 작품을 무대에 올리게 된 사연이었다.

김명순(1896~1951)은 등단이라는 제도를 거쳐 문인이 되어 개인 작품집들을 발간한 한국 문단 최초의 여성 작가였다. 그녀는 1920~30년대를 중심으로 20여 년간 소설 25편, 수필 20편, 시 111편, 희곡 2편, 번역소설 1편, 번역시 15편 등을 발표하는 왕성한 작품활동을 했다. 그녀는 여러 외국어에도 능숙했고, 일본 유학도 여러 차례 다녀왔다. 조선의 세 번째 여성 기자이기도 했다. 당시 많은 작가가 친일로 변절

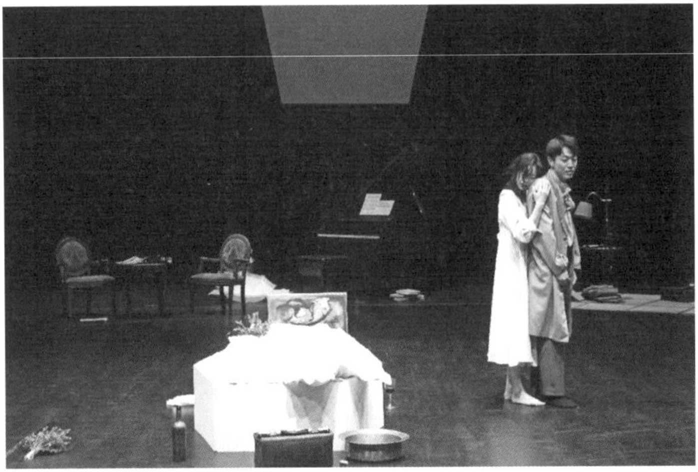

하는 동안 창씨개명을 거부하고 일제에 저항하는 글을 쓰기도 했다.

'첩의 딸'이라는 이유로 기구했던 김명순의 삶

하지만 그녀의 삶은 기구했다. '기생 출신 첩의 딸'이라는 꼬리표가 평생 그녀를 따라다녔다. 1915년 일본 유학 중에는 강간 사건의 피해자가 되지만 당시 가부장적 문화에 갇힌 문단에서는 그를 '문란한 여자'라고 비난했다. 소설가 김동인은 신여성들이 성적으로 타락했다는 내용의 『김연실전』을 출간했는데 김명순이 모델이라는 얘기가 파다했다. 김동인의 소설 속 김연실은 당시 ('모던걸'을 조롱하는 경멸의 표현인) '못된 걸'이라는 소리를 듣는, 남성 편력이 심해 정조 관념도 없는 타락한 여성으로 나타난다. 김연실의 실제 모델로 세상에 소문이 난 김명순이 받았을 치욕과 모멸감을 충분히 상상할 수 있다.

김명순을 둘러싼 세상은 그토록 잔인했다. 김명순은 이런 분위기에 절망하며 조선을 떠났다. 도쿄에서 살면서 생활고를 겪던 김명순은 정신이상으로 병원에 수용됐다가 외롭게 죽은 것으로 전해진다. 문학적, 예술적 재능이 뛰어났던, 새로운 시대의 앞선 사고를 갖고 있는 신여성이었지만 그렇게 기구한 비운의 삶을 살아야 했던 것이다.

그런 김명순의 작품들에는 자신의 삶이 투영되어 있는 경우가 대부분이다. 그녀가 세상으로부터 겪었던 아픔들이 고스란히 담겨있다.

"또다시 방랑의 길 위에 설 몸아, 그렇다 떠나라-이 도회 안에는 네 빵이 없다, 네 빵이 없다, 집이 없다, 동무가 없다.

그러나 탄실아 탄실아, 지금 이같이 되어 떠나면서 눈물을 거두라. 부질없이 운대야 네 몸이 상할 뿐이다. 이 도회 안에는 네 울음을 같이 울어줄 사람은 없다. 모든 것이 허사

였다." (「네 자신의 위에」 1924)

"화려할 소녀의 시대를 능욕과 학대에 빼앗기고 너는 지난 십 년간 얼마나 아프게 울어왔더냐. 길을 지나는 낯익은 얼굴들이 다 네게 무엇을 말하느냐. 슬픈 사람에게는 사랑도 없고 희망도 없다. 다만 설움, 그것만 있을 것이다. 그 외에는 아무것도 없다." (「봄 네거리에 서서」 1925)

「대중없는 이야기」(1925)에서는 자신을 비웃던 세상 사람들에 대한 원망에도 불구하고 굴하지 않고 살아왔던 자신에 대한 당당함을 읽을 수 있다.

"아 비웃는 이들이여, 당신들이 나를 실연자라고 오래 비웃어왔다. 하나 불행히도 당신들은 불행한 운명을 타고난 한 처녀가, 불의의 능욕을 받고, 살기를 원해서, 썩은 기둥으로 기왓장을 받쳐온 것을 도무지 헤아려주지 못했다. 당신들은 나를 비웃기 전에 내 운명을 비웃어야 옳을 것이다. 나는 이 지경에 겨우 이르렀어도 힘 있는 대로 싸워 왔노라."

공동체에 대한 '사랑의 철학'을 지킨 작가

김명순이 대단했던 것은 그런 세상의 멸시에도 흔들리지 않고 '사랑의 철학'을 지킨 작가였었기 때문이기도 하다. 자

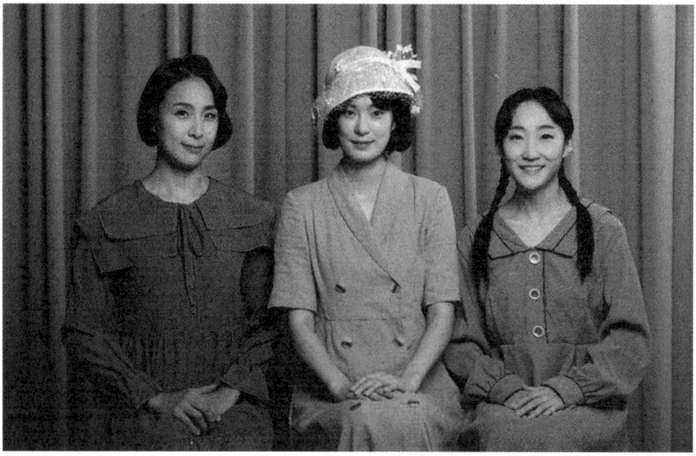

신은 비록 전근대적인 차별에 시달리며 경멸과 조롱의 대상이 되었지만 함께 살아가는 공동체에 대한 넓은 사랑을 김명순은 말하곤 했다.

"아 고왕금래에 어느 것이나 살펴보면 스러지고 썩어지는 것이 원칙인 것 같습니다. 그러므로 우주는 적멸하고 인류는 사멸합니다. 그러나 이 멸망해가는 우주와 인류 간에도 영구불멸의 것이 있습니다. 그것은 곧 신념이요 지성이요 진리요 사랑이외다. 그러므로 모든 것이 멸망해서 자취를 찾을 수 없으나 그대로 인간에게 남아 있는 것은 사랑입니다. 우주 건설의 전초가 사랑이요 지지가 사랑 이요 인생의 토대가 사랑이외다. 즉 다시 말하면 사랑은 생명이요 만

겁 멸망하지 않는 것이 곧 사랑이외다. 사랑이 끊긴다 하면 곧 죽음이요 멸망이요 황천이외다. 환언하면 '인생은 사랑에 나서 사랑에 살다 사랑으로 죽고 마는 것이 외다'. 웃고 울고 움직이고 멈추는 것 중 어느 것도 사랑의 충동이 아닌 것은 하나도 없습니다." (「사랑(愛)?」 1927)

김명순의 글들을 읽다가 보면 그녀가 여성주의에 대해서도 이미 앞서 있는 사고를 갖고 있었음을 알게 된다. 여성에게만 속박의 굴레를 씌우는 남녀 차별에 대해 분명한 생각을 말하곤 했고, 여성이 지배하는 정치와 사회를 꿈꾸기도 했다. 비록 글로만 하던 주장이었지만 김명순의 페미니스트적 사고를 발견하게 된다.

"내가 남자가 되었으면 나는 여자에게 정치와 사회의 지배권을 주겠습니다. 만약 여자가 정치와 사회의 지배권을 가졌다면 여자는 본래 애愛의 인물이요, 정情의 인물이니까 지금 남자들처럼 공연히 소용없는 군함을 만들고 공연히 소용없는 병기를 만들어 남의 나라 땅을 점령하고 남의 나라 백성을 죽이는 악마는 되지 않겠습니다."

"나는 남자가 되었으면 지금 남자들과 같이 무정한 사람은 되지 않고 어머니의 은혜와 수고를 알아주는 다정한 사람이 되는 동시에 어머니를 극력 존경하고 귀히 여기는 사람이 되겠습니다." (「부친보다 모친을 존숭尊崇하고 여자에게 정치 사회

문제를 맡기겠다」 1922)

"그러므로 '단발'은 여자에 있어서도 남자에 있는 것과 같이 서슴지 않고 실행하여도 무방할 것입니다. 또 단발을 한다고 여자의 미를 손실하는 것도 모름지기 없을 터인즉 사람의 형체에 따라서는 한 개인을 미화하는 화장도 되겠습니다. 그러므로 단발을 하였다고 그 경우와 필요를 사회에서 특별히 논의해야 할 아무런 이유도 없겠습니다. (「여인 단발에 대하여」 1926)

소설가 김별아는 김명순의 마지막을 이렇게 표현했다.

"탄실 김명순, 세상이 불타기 전에 그녀가 타버렸다. 짧은 생애는 재가 되어 흩어졌다. 사나운 불더미 속에서 그녀가 외친 단말마의 비명은 명징했다.

'나는 사랑한다!'"

‘자유의 불꽃’이었던 4명의 여성 철학자들

시몬 드 보부아르, 한나 아렌트, 시몬 베유, 아인 랜드의 삶과 철학

대중철학서로 잘 알려진 볼프람 아일렌베르거가 2018년에 낸 『철학, 마법사의 시대』는 독자들의 큰 반향을 낳았다. 베냐민, 카시러, 하이데거, 비트겐슈타인, 네 명의 남성 철학자가 1920년대의 어둠 속에서 ‘인간이란 과연 무엇인가’라는 질문에 어떻게 답했는가를 생생하게 그려낸 책이었다.

아일렌베르거의 저작 『자유의 불꽃』 국내 출간

그 후속작인 아일렌베르거의 2020년도 저작 『자유의 불

꽃』이 국내에서 번역되어 최근 출간됐다. 이번에는 네 명의 여성 철학자들 얘기이다. 실존주의 철학자이자 작가인 시몬 드 보부아르, 사회적 악과 폭력의 본질을 파헤친 정치철학자 한나 아렌트, 사회혁명가였다가 신비주의자가 된 시몬 베유, 합리적 이기주의 세계관을 표방하는 소설가이자 자본주의의 열렬한 옹호자인 아인 랜드가 그들이다.

책이 다루고 있는 시기는 유럽 현대사에서 가장 어둡고 혼란스러웠던 1933년부터 1943년까지의 10년이다. 네 명의 여성철학자는 전체주의와 전쟁의 혼란 속에서 인간의 자유를 위해 투쟁했던 선구적인 여성이었다는 공통점을 갖고 있

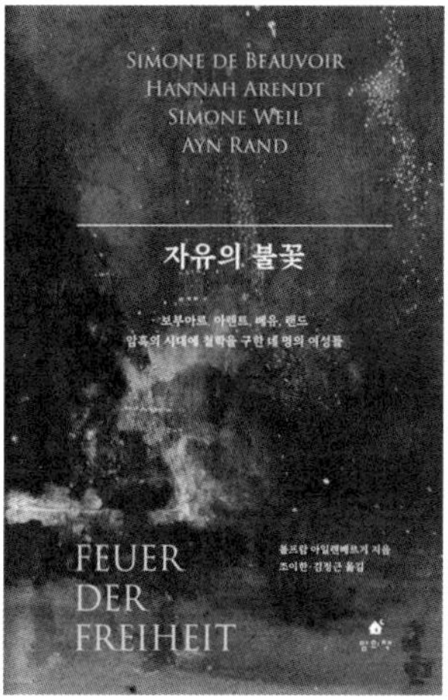

사진=밤의책

다. 책은 무미건조한 철학서가 아니라 마치 문학책을 읽는 듯한 재미를 준다. 현재와 과거를 넘나드는 서술 방식으로 네 여성의 삶과 사유의 변천 궤적을 생생하게 그려낸다. 네 사람의 얘기 모두가 흥미롭지만, 특히 여러가지 면에서 대비되는 대학 동창 보부아르와 베유의 스토리는 극적인 느낌마저 준다.

젊은 시절의 보부아르, 철저한 유아론자

젊은 시절 보부아르는 철저한 유아론자였다. 1934년 동료 교사들이 총파업에 나섰을 때 "그들에게 합류할지에 대해 단 한 순간도 고민하지 않았다." 파업은 다른 영역에서 직업 활동을 하는 사람들의 이익을 위해 연대한다는 것을 의미했다. 하지만 보부아르는 그런 연대의 필요성을 전혀 느끼지 못했다. 인생의 그 단계에서 다른 사람의 존재가 도대체 어디에 좋은 것인지를 전혀 이해할 수가 없었다. 보부아르는 자신과 사르트르 두 사람만을 세상의 중심에 놓았다. "나를 알아볼 수 있는 안목이 전혀 없는 불쾌하고 우스운 혹은 속물적인 인간들이 우리 주변을 맴돌았다. 내가 유일한 시선이었다. 그래서 나는 주저하지 않고 다른 사람의 의견을 무시했다." 보부아르는 다른 사람의 입장이 되어 생각해보고 공감하거나 타인 역시 존재한다는 사실을 인정하지 않으려 했다.

그러니 젊은 시절 사회주의자였던 시몬 베유와는 처음 만났을 때부터 자석처럼 서로를 밀어냈다. "그녀는 날카로운 어조로 오늘날 지구상에서 중요한 것은 모든 사람을 먹여살릴 혁명 뿐이라고 선언했다. 나는 단호하게 반대하면서 문제는 사람을 행복하게 만드는 것이 아니라, 그들의 삶에서 의미를 찾는 것이라고 이의를 제기했다. 그러자 그녀는 나를 빤히 쳐다보았다. '당신이 한 번도 굶주림을 겪은 적이 없다는 것을 쉽게 알 수 있겠네요.' 그것으로 우리의 관계는 끝났다."

그런데 1939년 프랑스가 독일에 전쟁을 선포하자 사르트르는 전장으로 떠났다. 보부아르의 평정심은 점차 무너진다. 자신의 정신세계를 탐구하는 데만 열중하던 보부아르는 예전처럼 역사와 현실에 눈감은 방관자로 살 수 없음을 생각하게 된다. 1940년대 들어 보부아르의 사유와 글과 행동은 현실을 변화시키기 위한 정치적인 것으로 변화한다.

정치적인 사유와 행동으로 변모한 보부아르

오직 자기만을 생각하는 유아론에서 벗어나 새롭게 찾아

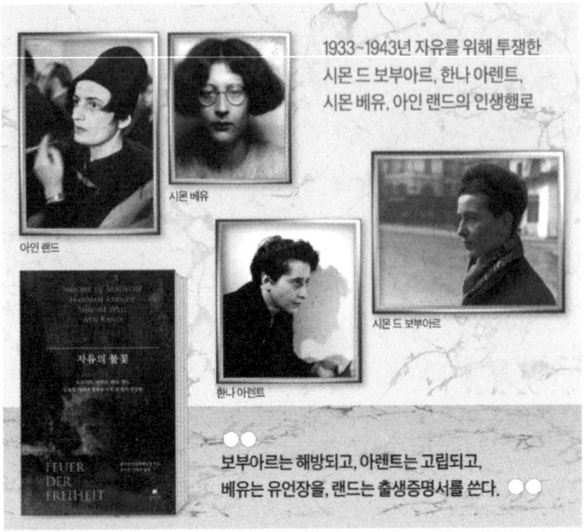

사진=풍월당

낸 자유의 개념을 보부아르는 '형이상학적 연대'라고 표현했다. "아무도 고립된 섬이 아니다. 아무도 자신만 자유로울 수 없다. 오히려 내 자유의 진정한 전제 조건은 다른 의식의 자유에 있다. 그것은 좀 더 일관되게 생각한다면, 다른 모든 의식을 자유롭게 인정하는 것에 있다. 정치적으로 이것은 실존적 상호해방이라는 특징 속에 있는 모두를 위한 해방 투쟁의 요구로 이어진다. 각자의 고유한 자유를 위해서, 자유 '그리고' 사회주의를 위해서." 극적이라고 할만한 사유의 반전이다.

이후 보부아르는 자신의 자유 개념을 소설에 담아내고,

'사르트르의 추종자'라는 세간의 조롱과는 달리 사르트르의 그늘에서 벗어나 자신의 독자적인 사유의 길을 가게 된다. 케이트 커크패트릭은 『보부아르, 여성의 탄생』에서 "보부아르는 사르트르를 만나기 전부터 독자적으로 존재와 무를 사유해왔으며, 사르트르와 동일한 결론에 도달하지도 않았다고 명쾌하게 밝혔다"고 설명한다. 실제로 보부아르는 "인간은 그가 자기 자신으로 만든 것이다"라는 사르트르의 슬로건을 비판하며 "우리는 오직 우리 삶 속의 타자들 때문에 우리가 될 수 있다"고 말한다. "우리는 여자로 태어나는 것이 아니라 여자가 되는 것이다"라는 유명한 구절이 담긴 페미니즘의 고전 『제2의 성』도 1949년에 나오게 된다.

시몬느 베유와의 엇갈린 인생 역정

소르본 대학교 교정에서 만났던 보부아르와 베유는 첫 만남에서 언쟁을 벌인 이후로 직접 만나면서 교류하지는 않았다. 하지만 보부아르는 베유가 자신에게 얼마나 큰 자극이 되었고 영향을 남겼는가를 말하곤 했다. 그런가 하면 베유의 대표작 『중력과 은총』에는 그녀의 우정관이 나온다. "우정을 욕망하는 것은 커다란 과오이다. 우정은 예술 혹은 삶이 주는 기쁨처럼 무상의 기쁨이어야 한다. 우정을 거절할 때 비로소 우정을 받을 자격이 주어진다." 대학 시절 보부아르를 향해 계급의식의 부재를 질타했던 베유의 직언 역시 그만의 우정이었던 셈이다. 두 사람은 직접 만남을 이어가지는 않았지만 서로 영향을 주고받았고, 묘하게 대비가 되는 삶의 변화를 보여줬다. 흥미로운 것은 젊은 날 혁명보다 중요한 것은 개인의 실존이라고 했던 보부아르는 나이가 들어 정치적 요구를 위해 사회적 참여를 하는 작가로 변화하고, 사회주의자로서 보부아르의 허약한 계급의식을 비판했던 베유는 "종교가 아니라 혁명이 인민의 아편"이라고 말하며 '은총의 실존주의'로 변화하는 삶의 궤적이다.

베유는 1943년 영국의 요양원에서 스스로 굶다가 건강이 악화되어 34세의 나이로 요절했다. 그녀는 하나의 틀로는 설명하기 어려운 복잡한 사유와 삶의 경로를 거쳤다. 고등학교 철학교사를 하면서 노동자들의 투쟁을 지원하는 사회주의 운동에 참여했고, 공장으로 가서 노동을 한 급진적인 운동가였다. 하지만 스탈린 독재와 나치 독재는 인간을 억압하는 제도라는 점에서 마찬가지이고, 사회주의적 집단주의 역시 개인의 자유를 위협한다고 생각했다. 파시스트의 잔인한 테러와 사회주의의 비극적 실패에 대한 반사작용으로 베유는 철학의 영역을 벗어나 '은총의 실존주의'라는 종교적 신비주의로 방향을 바꾼다. 스페인 내전에 참전하고 2차 대전 때 프랑스 레지스탕스를 지원하는 등 뜨거운 삶을 살았던 베유의 사유가 '은총'을 말하는 종교적 신비주의로 귀결된 것 역시 반전이라 할 만하다.

1940년대의 보부아르는 '형이상학적 연대'라는 의미로 자아의 자유를 타인의 존재와 결부시켰지만, 베유는 그것을 일종의 도피 행동이라고 비판했다. 베유에게서 해방을 주는 진정한 목표는 연대해서 타인에게 헌신하는 것이 아니라, 신적 초월의 징표인 '은총'이 넘쳐나는 자아 포기였다. 우리는 이 세상에서 아무것도 소유하고 있지 않기 때문이다. "자아는 인간이 신에게 바쳐야 할, 즉 파괴해야 할 어떤 것이다." '자아'는 나쁜 것이기 때문에, 그 '자아'가 행하는 모든 것은 선행을 포함해서 예외 없이 나쁘다."

역사적 시련기에 자신을 지켰던 4명의 여성철학자

베유는 말한다. "인간에게는 이 악에서 벗어날 수 있는 탈출구가 없다. 그러므로 삶은 찢어질 듯한 고통일 수밖에 없다. 이 세상은 살 만하지 않다. 그래서 사람들은 다른 세계로 도망쳐야 하지만 문이 닫혀 있다. 문이 열릴 때까지 얼마나 오랫동안 문을 두드려야만 하는가. 문지방에 머무르지 않고 정말로 안으로 들어가려면, 사회적 존재가 되는 것을 멈춰야 한다." 베유에 따르면, 마르크스의 신봉자와 19세기 전체의 커다란 오류는 인간이 앞을 향해 똑바로 가기만 한다면 공중으로 솟아오르게 될 것으로 믿은 것이었다. 세속에 묶여 있는 개인이 혼자의 힘으로 찾아 걸어갈 수 있는 길은 없다. 그 길은 오직 은총의 행위 속에서만 열린다.

1941~1942년 시기 네 사람의 모습에 대해 아일렌베르거는 이렇게 요약한다. "보부아르는 해방되고, 아렌트는 고립되고, 베유는 유언장을 작성하고, 랜드는 출생증명서를 쓴다." 보부아르는 세상으로 나갔고, 베유는 스스로 굶어 죽는 길을 택했다. 네 명의 철학자들은 삶도 사유도 많이 달랐다. 하지만 때로는 조롱당하고 고립되면서도 사유하는 글쓰기를 통해 삶의 자유와 개인의 존엄을 지키고자 했다는 점에서 빼어 닮았다. 이들은 평생 하나의 철학, 하나의 사유에 매달리지 않았다. 반전이라 할만한 많은 변화의 굴곡이 있었다. 인생도 철학도 그것이 순리일지 모른다. 78세의 보부아르가 남긴 문장이 눈에 들어온다. "나에게 가장 중요한 것은 나의 정신이다."

부록

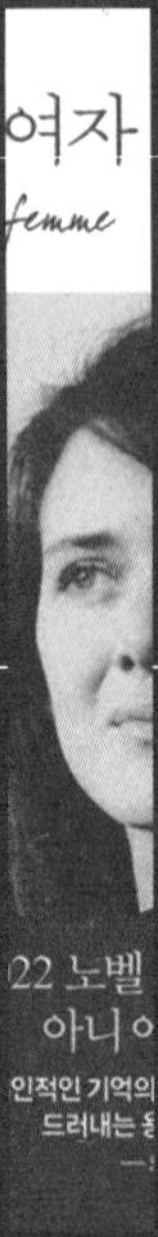

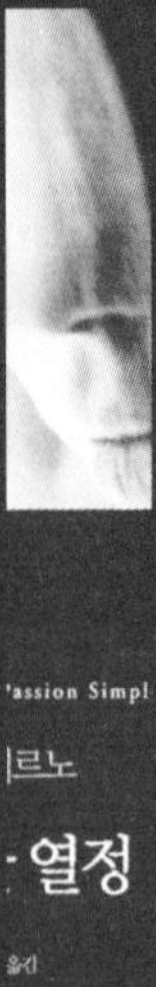

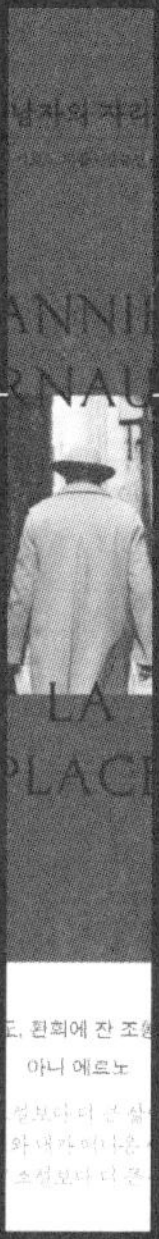

'자아'를 지킨 아니 에르노의 글쓰기

아니 에르노의 '칼 같은 글쓰기'

아니 에르노 읽기1: 에르노의 매력과 힘

노벨문학상 수상자 아니 에르노의 책들은 국내에서도 많이 번역되어 출판되었다. 하지만 그의 텍스트들이 그리 쉬운 것은 아니다. 이 글은 먼저 에르노의 글쓰기가 갖는 매력과 힘에 대한 얘기이다.

자신과의 거리두기를 통한 객관적 시선의 글쓰기

에르노의 글쓰기는 대략 두 시기로 나눌 수 있다. 먼저 '소설'이라는 꼬리표를 달고 발표되었던 세 권의 책 『빈 장

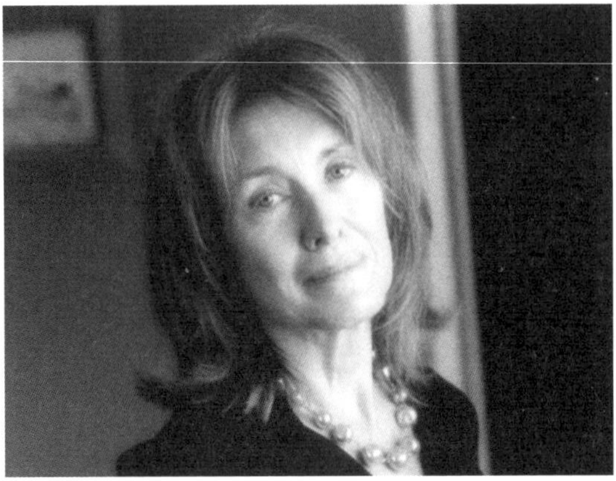
노벨문학상을 수상한 작가 아니 에르노 ©문학동네

롱』, 『그들이 말하는 것, 혹은 아무것도 아닌 것』, 『얼어붙은 여자』의 시기가 1기였다. 그 뒤 『남자의 자리』를 필두로 문학적 '허구'를 배제한 많은 책들을 출간하면서 지금까지 2기의 시기를 걸어왔다. 에르노는 소설이라는 이름을 떼어버린 2기의 텍스트들에 대해 "내가 허구를 거부함과 동시에 하나의 지평선이 사라지고, 형태상의 모든 가능성이 열리게 된 것"이라고 의미를 부여한다. 에르노는 '문학 아래'로 자신을 위치 지움으로써 새로운 가능성을 개척했던 것이다.

문학의 틀 안에서 걸어나온 에르노는 사실만을 기록한다. "직접 체험하지 않은 허구를 쓴 적은 한번도 없다"고 그녀는 말한다. 실제로 그녀의 글들은 자신이 경험하고 기억한 사실들의 나열이다. 자신과의 거리두기를 통해 객관적 시선을 유지하면서 일상과 경험들을 있었던 그대로 기록할 뿐이다. 그런 거리두기의 글쓰기를 에르노는 '평평한 글쓰기'라고 표현했다. (『남자의 자리』) "내가 유일하게 정확하다고 느낀 글쓰기는 표출되는 감정도, 교양 있는 독자와의 어떤 묵계도 없이 오직 거리두기를 통해 객관화하는 방식"이었기 때문이다. 그것이 에르노의 '칼 같은 글쓰기'이다.

솔직한 글쓰기에서 나오는 공감의 글

흔히 칼은 다른 사람을 베어 상처를 남기는 날카로운 무기가 된다. 그런데 에르노의 '칼 같은 글쓰기'로부터는 독자들은 상처가 아닌 공감을 얻는 예상 밖의 경험을 하게 된다. 독자를 끌어안는 그녀의 힘은 솔직한 글쓰기에서 비롯된다.

"그 사람과 사귀는 동안에는 클래식 음악을 한 번도 듣지 않았다. 오히려 대중가요가 훨씬 마음에 들었다. 예전 같으면 관심도 갖지 않았을 감상적인 곡조와 가사가 내 마음을 뒤흔들었다"(『단순한 열정』)는 대목에 이르면 너무도 솔직한 에르노의 글쓰기에 대한 걱정마저 생겨난다. 아, 남다를 줄 알았던 작가가 이토록 유치한 속내를 온 세상에 고백하면

대체 앞으로 어떻게 하려는 것일까. 심지어 그녀는 '사랑 따윈 난 몰라' 할 수도 있는 '좌파'가 아니던가. 에르노는 이미 모든 체면과 위신 따위는 모두 내려놓은 사람 같았다. 그런데 사실 그것은 내면이 단단한 사람만이 할 수 있는 것임을 아는 사람들은 알고 있다.

문학적 치장이 없는 글의 힘

에르노의 글은 더는 '소설'이 아니라고 했듯이 문학적으로 꾸미지 않는다. 그래서 그녀의 글들은 언제나 군더더기 없이 깔끔하고 담백하다. 그런데 문학적 치장이 없기에 오히려 공감을 불러일으키는 묘한 역설을 우리는 경험하게 된다. 개인의 경험과 기억에 대한 사실적 기록들은 독자들로 하여금 작가 개인의 얘기가 아닌 '나의 얘기' 혹은 '우리의 얘기'라는 생각을 갖게 만든다. 그런 공감의 힘은 그 어떤 투쟁의 구호보다도 강하다.

에르노는 글쓰기의 최종 목적을 이렇게 말한다. "내가 열망하는 이상적인 글쓰기는, 내 안에서 생각하고 느꼈듯이, 내가 타인들 속에서 생각하고 느끼는 것입니다." 에르노의 글을 읽는 우리가 "아, 이건 내 얘기인데…" 하고 무릎을 치면서 그녀의 얘기 속에 들어있는 '나의 얘기'를 발견하게 되는 이유가 그것이다.

에르노는 얼핏 자전적 얘기를 하는 것 같지만, 사실은 대부분이 사회적이고 집단적인 성격을 갖는 것들이다. 거대한 담론도 없이 작은 일상들을 기록하고, 구조가 아닌 개인을 말하고 있지만, 그녀의 칼 같은 글쓰기는 독자들로 하여금 공감의 공간을 비약적으로 확장시켜 준다. 비극적인 영화에서 배우들이 감정을 절제하며 슬픔을 드러내지 않을 때 관객들은 자기가 슬퍼할 여백을 갖게 된다. 에르노의 글들도 마찬가지이다. 감정의 개입없이 담담하기 이를 데 없는 그녀의 글쓰기가 오히려 독자들의 공감 지수를 높여준다.

글쓰기를 통해 자유롭고자 했던 에르노

그렇기에 자전적인 기록들이 오히려 정치적이 되는 에르노만의 역설이 가능해진다. 에르노는 정치적으로 '좌파'다. 하지만 그녀는 투쟁을 말하지 않고 독자들을 자극하기 위해 흥분하지도 않는다. 그 대신 살아온 경험들의 기억 속에서 베일을 철저히 벗김으로써 질서를 변화시켜야겠다는 독자들의 자발적 결의를 이끌어 낸다. 독자들이 텍스트를 자기 것으로 만들고 스스로에게 질문을 던진다면 "다른 것들보다 더 정치적 성격을 띤 감동이 존재한다"는 것이 에르노의 믿음이다.

소상인의 딸로 태어났던 에르노는 교사가 되고 교수가 됨으로써 계급 상승을 이루었다. 그런 에르노의 글들에서 반복적으로 나타나는 것은 자신이 사회계급을 바꾸었다는 사실에 대한 죄책감이다. "출신 계급을 변절한 처지에서, 정치적 행위로서 그리고 '헌납'으로서 내가 할 수 있는 최선의 일은 바로 글쓰기라고 믿습니다"라고 그녀는 토로한다. 신분 상승에 안도하지 않고 죄책감을 갖다니. 그런 에르노에게 글쓰기란 자신을 죄책감으로부터 가장 자유롭게 해줄 수 있는 방법이었던 것이다. 물론 우리는 에르노의 글들을 통해 우리가 함께 자유로울 수 있는 길을 찾아야겠다는 생각을 갖게 된다.

내 어머니는 어떤 기억으로 남을까

아니 에르노 읽기 2: 『한 여자』

자식들을 위해서는 좋은 음식과 옷을 사주면서도 정작 자신을 위해서는 비싼 옷 한번 살 줄도, 택시 한번 탈 줄도 모르는 어머니들의 시대가 있었다. 나를 위해 헌신한 어머니의 고마움을 모르는 바 아니지만, 남들 앞에서 세련되지 못한 어머니 때문에 난처해하던 자식들의 시대가 이어졌다. 왜 내 어머니는 같은 세계로 들어서지 못한 채 비루했던 시절의 세계에 그대로 남아 고집을 부리는 것일까. 무거운 음식들을 바리바리 싸들고는 지하철을 타고 딸네 집을 오가는 어머니를 볼 때마다 드는 의식의 경험, 그것을 아는 사람이라면 『한 여자』는 에르노가 아닌 '나'의 어머니를 기록한 책

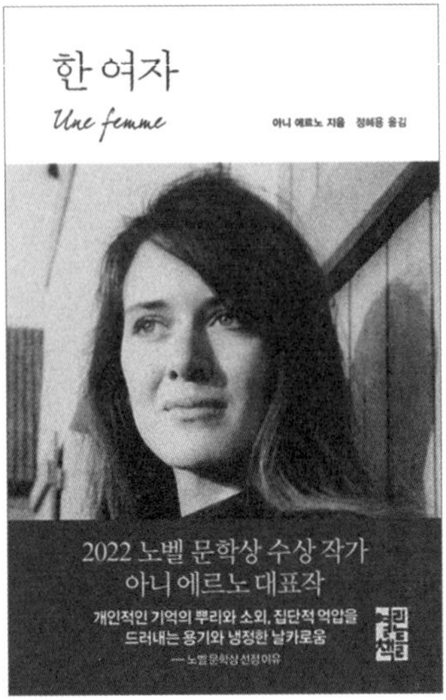

©열린책들

으로 읽히게 된다.

‘나’의 어머니를 기록한 『한 여자』

마치 ‘박완서의 어머니’를 읽던 때와 다르지 않다. 자식들을 위해 자신의 모든 것을 희생했던 어머니는 “신여성이란 공부를 많이 해서 이 세상의 이치에 대해 모르는 게 없고 마음먹은 건 뭐든지 마음대로 할 수 있는 여자란다”고 가르

치곤 했다.(『엄마의 말뚝』) 그런 덕분에 신여성이 된 박완서는 이런 질문을 던졌다. "한 동네 사는 애들 하곤 격이 다르게 만들려고 엄마가 억지로 조성한 나의 우월감이 등성이 하나만 넘어가면 열등감이 된다는 걸 엄마는 한 번이라도 생각해본 적이 있었을까?"

사회의 하층 세계에 살던 어머니, 그리고 그 세계를 벗어나 대학교수가 되어 상층 세계로 들어간 딸 사이의 감정은 양가적이다. 이미 청소년기의 에르노는 어머니에게서 떨어져 나왔고, 두 사람 사이에는 투쟁만이 존재했다. "프티부르주아인 학급 친구들의 어머니들은 그러한 여성적 이미지에 가까워서 날씬하고, 행동이 점잖고, 요리를 잘하고, 자신들의 딸을 다정하게 '사랑하는 딸'이라고 불렀다. 내 어머니는 너무 요란스럽다는 생각이 들기 시작했다. 나는 어머니가 다리 사이에 병을 끼고서 병마개를 딸 때면 눈길을 돌려 버렸다… 다른 세계로 옮겨 가고 있는 나는 내가 더 이상 보여주고 싶지 않은 모습이 여전히 내 모습인 것에 대해서 어머니를 원망했다."

어머니의 삶을 복원시키다

하지만 에르노의 어머니는 자신이 딸에게서 경멸 받을까 불안해하며, 대신 사랑을 줌으로써 문제를 해결하려 했다. "나의 어머니는 이 세계에 대해, 훌륭한 교육과 우아함과 교양이 그녀에게 불러일으킨 찬탄과, 자신의 딸이 그 세계의 일부가 되는 것을 보며 느끼는 자부심과, 겉으로는 절묘한 예의범절을 보여 주면서 속으로는 자신을 경멸하지 않을까 하는 두려움 사이에서 갈팡질팡했다." 그래서 "어머니는 자기 자체로는 사랑받지 못할까 봐 두려워하며, 자신이 주려는 것으로 사랑받기를 바랐다."

에르노의 어머니는 치매에 걸려 병원을 옮겨 다니다가 세상을 떠난다. 에르노는 그런 어머니에 대한 기억을 반드시 글로 남기고 싶었다. 자신의 어머니를 치매에 걸린 노인으로 남겨놓는 것이 아니라, 황금 같은 시절이 있었던 어머니의 모습을 함께 복원시켜 놓고 싶은 갈망이었다. "나이 들어 노망난 여자와 젊어서 힘차고 빛이 났던 여자를 글쓰기를 통해 합쳐 놓지 않고서는 내가 살아갈 수 없으리라는 것을 알고 있다." 에르노는 상층 세계로 들어간 이후 어머니에 대해 부끄러워했던 기억을 소환했지만, 결국 그녀가 하고자 했던 것은 어머니의 삶을 복원시키는 일이었다. 그것은 어머니로부터 받았던 사랑의 갚음이었다.

"내게 진정 중요했던 유일한 여자"

책을 읽는 동안 롤랑 바르트의 『애도일기』를 떠올렸다. 어머니의 부재 앞에서 바르트는 "이 슬픔은 사라지지 않는다"라고 단언했다. 통절하고 격한 바르트의 슬픔은 사실 온전하게 내 것이 되지는 못했었다. 배우가 너무 서럽게 엉엉 울어버리면 관객들이 슬퍼할 여백이 남지 않는 것과 같은 이유였다. 에르노라고 해서 어머니의 부재에 대한 황망함의 크기가 작았던 것은 아니다. "그 주 내내 아무데서고 눈물을 흘리는 일이 벌어졌다. 잠에서 깨어나다가 어머니가 죽었다는 것을 기억해 내곤 했다. 어머니가 꿈에 나왔고, 죽었다는 것을 빼면 아무것도 기억나지 않는 무거운 꿈에서 빠져나오기도 여러 번이었다. 생활에 필요한 일들 말고는 아무것도 하지 못했다."

하지만 "어머니는 내게 진정 중요했던 유일한 여자"였다는 에르노의 글은 여전히 객관적이며 심지어 관찰자적이다. 그럼에도 에르노가 기억하는 어머니가 우리들 어머니의 모습과 놀랄만큼 빼어닮았다는 점에서 그녀의 자전적 기록은 우리들의 기록으로 남는다. 그러니 에르노의 어머니가 아닌 나의 어머니를 기록한 책이다.

책의 마지막에서 에르노는 어머니를 이렇게 기억한다. "그녀는 시몬 드 보부아르보다 일주일 앞서 죽었다. 그녀는 받기보다는 아무에게나 주기를 좋아했다. 글쓰기도 남에게 주는 하나의 방식이 아닐까." 그렇게 딸은 어머니에 대한 글쓰기를 통해 어머니의 상실되었던 모습까지도 복원시켜냈다. 내가 기억하는 어머니의 모습은 어떤 것일까.

아버지와 딸 사이의 거리

아니 에르노 읽기3 : 『남자의 자리』

아니 에르노의 『남자의 자리』는 아버지의 죽음으로부터 시작한다. 비명도 오열도 없이 매우 덤덤하게 흘러간 장례식에서 아버지를 떠나보내고 교원 발령을 기다리던 에르노. 그녀는 아버지에 관한 "이 모든 것을 설명해야만 한다"는 생각을 갖게 된다. "아버지와 그의 인생에 대해 그리고 사춘기 시절 그와 나 사이에 찾아온 이 거리에 대해 말하고 쓰고 싶었다. 계층 간의 거리나 이름이 없는 특별한 거리에 대해. 마치 이별한 사랑처럼." 살면서 이어졌던 아버지와의 '거리'에 대해 쓰고 싶었던 것이다.

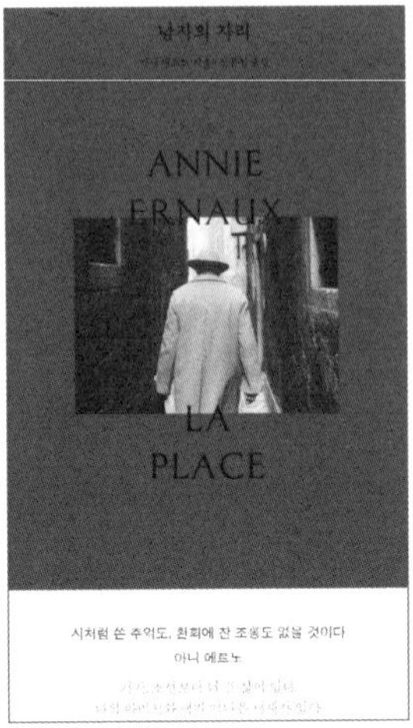

©1984 BOOKS

아버지의 삶에 대한 지독한 관찰력

『한 여자』에서 어머니에 대한 기억이 그랬듯이, 아버지에 대한 에르노의 기억 역시 촘촘하다. 부모의 삶을 이토록 세세하게 기억하고 있는 딸이란. 부모의 삶을 감동적으로 미화하는 글들보다 에르노의 마음이 더 두텁게 느껴진 이유는 그녀의 지독한 관찰력 때문이기도 하다.

에르노의 아버지는 농가의 일꾼이었던 할아버지에게서 태어나 공장노동자로 일하다가 어머니와 결혼하고서는 상인이 되었던 사람이다. 예를 들어 아버지와 어머니는 자주 욕설을 주고받았는데, "무능한 놈! - 미친년!" "한심한 놈! - 늙은 걸레!" 같은 상스러운 말들이었다. 부모의 이런 문화와 자신이 편입된 상층 세계의 문화적 차이에 대한 에르노의 감수성은 무척 예민하다. "교육을 잘 받고 자란 사람들이 그저 간단한 인사에도 극도로 친절함을 나타내는 것을 이해하기까지 몇 년의 시간이 걸렸다. 나는 부끄러웠다."

아버지와는 다른 세계에서의 삶

에르노의 아버지는 어느 날 이렇게 말했다. "책, 음악, 그런 건 너한테나 좋은 거다. 내가 살아가는 데는 필요 없어." 그래서 에르노는 이런 생각을 갖게 된다. "나는 그가 더 이상 내게 아무것도 해줄 수 있는 게 없다고 생각했다. 그의 말과 생각은 프랑스어 혹은 철학 수업, 반 친구들의 빨간 벨벳 소파가 있는 거실에서는 쓸 수 없는 것들이었다."

교수가 되고 결혼을 한 에르노는 남편에게 부모의 집에 함께 가서 지내자고 할 엄두를 내지 못한다. "고학력자, 부르주아 가정에서 자라서 늘 빈정거리는 말투를 쓰는 그가 어떻게 이 용감 무식한 사람들과 함께 즐길 수 있겠는가."

이제 아버지와는 다른 세계에서 서로 간의 먼 거리를 확인한 에르노에게는 아버지에 관한 글을 쓰는 것만이 대화를 이어가는 방법이었을 것이다. 에르노에게 아버지에 대한 글을 쓰는 일은 "내가 교양 있는 부르주아의 세상으로 들어갈 때, 그 문턱에 두고 가야 했던 유산을 밝히는 일"이었다. 글을 거의 마쳐가던 에르노는 열두 살 때 아버지와 시립 도서관을 갔던 일을 떠올린다. 한 번도 가본 적이 없던 곳이라 너무 신이 나 있었는데, "무슨 책을 원하십니까?"라는 직원의 질문에, 원하는 책을 미리 알고 있어야 한다는 것을 알지 못했던 부녀는 대답을 하지 못했다. 그런 일이 있은 뒤 "우리는 도서관에 다시 가지 않았다."

에르노는 아버지의 마음을 이렇게 읽어낸다. "어쩌면 그의 가장 커다란 자부심 아니 심지어 그의 존재 이유는 자신을 멸시하는 세상에 내가 속해 있다는 사실이었을 것이다." 에르노는 굳이 소설의 형식으로 아버지를 미화하지 않고, 기억하는 그대로의 아버지의 모습을 기록했다. 거기에 허구는 없었다. 아버지의 부끄러운 모습, 그런 아버지를 부끄러워하는 자신의 모습, 그러니 자신 또한 부끄러울 수밖에 없는 의식까지도 솔직하고 담담하게 적어 내려간다. 그녀에게는 소설보다 아버지의 삶이 우선이었던 것이다.

딸과 아버지의 뒤늦은 화해

에르노의 아버지를 읽고 나서 정지아의 『아버지의 해방일지』에 나오는 아버지와 비교해 보았다. 딸이 담배를 피운 것을 눈치채고 어머니 앞에서 엄숙하게 훈계하고 있을 때 정지아는 이런 생각을 하며 자리를 떴다. "그때 어머니 나이 환갑을 넘었다. 환갑 넘은 빨갱이들이 자본주의 남한에서 무슨 혁명을 하겠다고 극복 운운하는 것인지, 이것이야말로 진정한 블랙 코미디다." "남들에게는 빼도 박도 못하는 빨치산의 딸"이겠지만 "어디까지나 현실주의자"인 딸의 눈에는, 오늘 같은 시대에 혁명과 사회주의와 유물론을 신봉하던 아버지의 삶은 코미디와도 같은 것이었다. 그러나 장례가 치러진 사흘간의 시간을 거치면서 빨치산이었고 사회주의자였던 아버지는 '나의 아버지'로 돌아온다. "오래 손에 쥐고 있었던 탓인지 유골이 차츰 따스해졌다. 그게 나의 아버지, 빨치산이 아닌, 빨갱이도 아닌, 나의 아버지."

'나의 아버지'를 찾은 정지아의 글은, 아버지에 대해 글을 씀으로써 비로소 거리를 넘어서게 된 에르노와 닮은 꼴이다. 이제 어느덧 나이가 든 딸들은 자기 아버지들과 이렇게 뒤늦은 화해들을 하고 있었다. 어째서 아버지와 딸들의 화해는 그렇게 늦게 서야 이루어지곤 하는 것일까.

사랑의 열정은 정말 단순한 것일까

아니 에르노 읽기 4: 『단순한 열정』

2022년 10월 아니 에르노의 노벨문학상 수상 소식이 전해졌을 때 언론에 실린 기사를 보니 그녀를 '프랑스의 페미니스트 아이콘'이라고 했다. 그녀를 가리켜 '대표적인 페미니스트 작가'라고도 소개했다. 그런데 국내에서 에르노의 대표작처럼 알려진 『단순한 열정』은 연하의 외국인 유부남과의 불륜을 다룬 작품이다. 궁금증이 급발동한다. 대체 골수 페미니스트 작가의 사랑이 단순할 수 있을까. 페미니스트가 하필이면 유부남과 사랑을 했던 특별한 철학이라도 있었던 것일까.

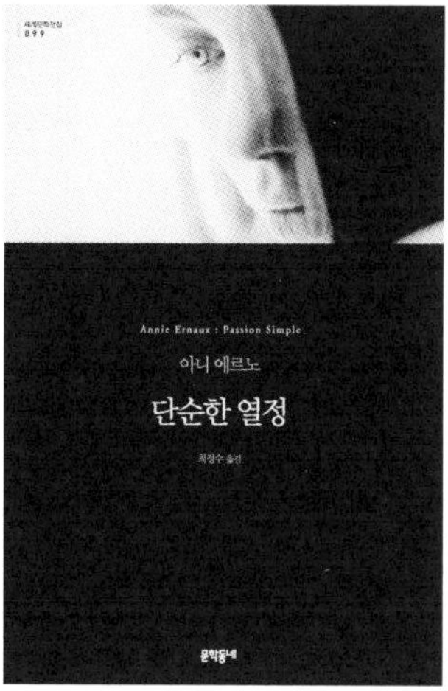

©문학동네

골수 페미니스트가 왜 불륜의 사랑을 했을까

하지만 그런 거창한 궁금증들은 책을 읽기 시작하는 순간 이내 “어, 이거 뭐지…” 하는 당혹스러운 느낌으로 바뀌어 버린다. 첫 문장부터 그러하다. “작년 9월 이후로 나는 한 남자를 기다리는 일, 그 사람이 전화를 걸어주거나 내 집에 와주기를 바라는 일 외에는 아무것도 할 수 없었다.”

아니, 무슨 이 모양인가. 명색이 페미니스트라면 더구나 노벨문학상까지 받은 작가라면 남자 앞에서 가끔은 “사랑따윈 난 몰라” 하며 호통도 치는 당당한 사랑을 할 줄 알았는데, 고작 한 남자를 목이 빠지게 기다리는 모습이라니. 같은 페미니스트들을 당혹스럽게 만들 에르노의 솔직한 고백은 곳곳에서 이어진다.

"사람들과 이야기를 나눌 때 내가 관심을 갖는 유일한 화제는 그 사람의 직업이나 나라, 혹은 그 사람이 가봤던 장소 등, 그 사람과 관련 있는 것들뿐이었다."

"나는 이 남자와 함께 침대에서 보낸 오후 한나절의 뜨거운 순간이 아이를 갖는 일이나 대회에서 입상하는 일, 혹은 멀리 여행을 떠나는 일보다 내 인생에서 훨씬 중요하다는 것을 깨달았다."

"그 사람과 사귀는 동안에는 클래식 음악을 한 번도 듣지 않았다. 오히려 대중가요가 훨씬 마음에 들었다. 예전 같으면 관심도 갖지 않았을 감상적인 곡조와 가사가 내 마음을 뒤흔들었다…. 실비 바르탕이 노래한 '사람아, 그건 운명이야'를 들으면서 사랑의 열정은 나만이 겪는 게 아니라는 것을 알게 되었다"

부끄러움을 숨김없이 털어놓는 에르노

에르노는 정신을 차리지 못할 정도로 한 남자와의 지독

한 사랑에 빠졌다. 부끄러움 따위는 의식하지 않는 그녀의 솔직한 기억들로 책은 가득 차 있다. 심지어 군데군데 외설적이기도 하다. 하지만 에르노는 단호하게 말한다. "이런 이야기들을 숨김없이 털어놓는 것을 나는 조금도 부끄럽게 생각하지 않는다."

이미 『한 여자』, 『남자의 자리』 등을 통해 부모에 대해 느꼈던 부끄러움, 그런 자신의 모습에 대한 부끄러움을 솔직하게 기록했던 에르노였다. 『단순한 열정』은 한술 더 뜬 글이다. 자신의 적나라한 불륜 행각을 세상 사람들에게 고백해 버렸다. 남들은 의식할 부끄러움이란 것에 눈 하나 깜짝하지 않는 작가. 숨겨도 될 법한 은밀한 사연들을 어째서 에르노는 글로 써서 굳이 세상 사람들에게 알리는 것일까.

"그 사람은 이것을 읽지 않을 것이며, 또 그 사람이 읽으라고 이 글을 쓴 것도 아니다. 이 글은 그 사람이 내게 준 무엇을 드러내 보인 것일 뿐이다."

자신의 정체성을 잃었던 사랑의 시간

그러니 에르노가 사랑에 빠졌던 시간은 자아를 발견하는 것이 아니라 상실하는 시간이었다. 그녀는 사랑 앞에서 자신의 정체성을 잃어버렸다. 에르노가 쌓아올렸던 사유와 자존은 열병 같은 사랑 앞에서 모두 무너져 버렸기 때문이다. 대체 왜 그랬을까.

"그 사람이 그럴 만한 '가치'가 있는 사람인지 아닌지는 아무런 의미가 없다. 그리고 지금은 그 모든 일들이 다른 여자가 겪은 일인 것처럼 생소하게 느껴지기 시작한다. 그러나 그 사람 덕분에 나는 남들과 나를 구분시켜주는 어떤 한계 가까이에, 어쩌면 그 한계를 뛰어넘는 곳까지 접근할 수 있었다. 나는 내 온몸으로 남들과는 다르게 시간을 헤아리며 살았다."

남들과는 달리, 정해진 선을 넘어 어디까지 가는지를 확인해보고 싶은 욕망이었을까. 에르노는 『단순한 열정』을 내고 10년 뒤에 그 모태가 되었던 일기들을 『탐닉』을 통해 공개한다. 그녀에게 "이 일기는 처음부터 끝까지 열정과 고통의 외침이 될 것"이었다. 그리고 "어쩌면 다른 누군가와 똑같은 동화 같은 사랑에 빠질" 욕망이기도 했다. 그러니 『단순한 열정』 속에는 열정과 고통, 동화 같은 사랑에 대한 욕망이 섞여 있는 것이었다.

그에 비하면 영화로 만들어진 『단순한 열정』은 얼마나 단순한가. 마침 에르노의 원작의 이 영화가 개봉되었길래 상영관을 찾아갔다. 다니엘 아르비드 감독의 영화는 에르노의

'단순한 열정'을 '단순한 욕정'으로 만들어 버렸다. 성적 욕망만 이글거리는 작품이 되고 말았다. 아무리 원작에 '단순한' 이라는 형용사가 들어갔어도 그렇지, '열정'조차도 어떻게 그리 단순할 수만 있겠나. 단순하다니까 정말로 단순하게 만들어버린, 그래서 19금의 장면들과 음악만이 기억나는 영화. 굳이 에르노의 원작이 없어도 만들 수 있을 영화였다.

내 삶은 역사적일 수 있을까

아니 에르노 읽기5: 『세월』

아니 에르노의 『세월』은 그녀의 다른 작품들에 비해 읽기가 쉽지 않다. 책의 두께도 두꺼워졌고, 60여년의 시간을 거치는 프랑스 사회사와 함께 가는 내용인지라 그에 따르는 거리가 존재한다. 하지만 책이 주는 메시지는 이번에도 강렬하다.

개인의 기억에 남지 않는 역사

책의 첫 장에는 "우리는 다만 우리들의 역사를 가졌을

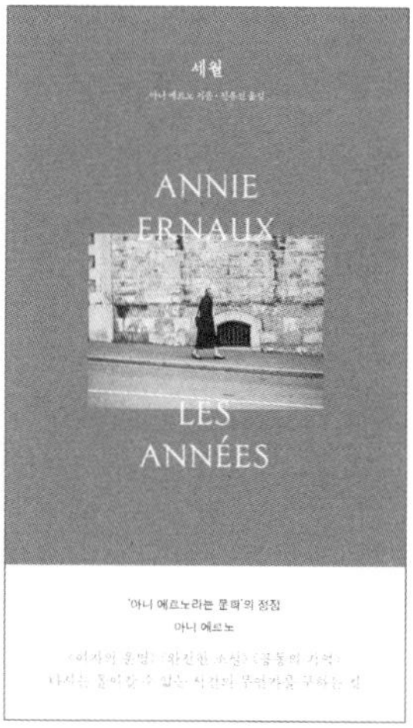

©1984 BOOKS

뿐이고, 그 역사는 우리의 것이 아니다"라는 스페인 철학자 호세 오르테가 이 가세트의 말이 인용되어 있다. 이 책을 관통하는 '역사와 개인의 삶이 분리'되어 있더라는 에르노의 생각을 예고하는 말이다. "모든 장면들은 사라질 것이다"라는 에르노의 첫 문장 또한 개인들의 기억에 남지 않는 역사를 의미한다.

다른 작품들에서도 그랬듯이, 관찰자적 시선을 유지하는 에르노의 시선은 변함없이 꼼꼼하고 예리하다. 그 객관적 시선을 유지하기 위해 『세월』에서는 '나는'이라는 표현 대신 '그녀는'이라는 3인칭 표현을 사용한다. 그래서 '개인'이 아닌

'우리'의 얘기를 담은 집단적 기억에 관한 글이 된다. 에르노는 자신이 글을 쓰면서 가졌던 고민을 이렇게 말한다.

"그녀는 태어나서부터 2차 세계대전을 거쳐 지금까지 분리되고 조화가 깨진 그녀만의 수많은 장면들을 서사의 흐름, 자신의 삶의 이야기로 한데 모으고 싶어한다. 개인의 것이지만 세대의 변화가 녹아 있는 삶. 그녀는 시작하는 순간, 늘 같은 문제에 부딪친다. 어떻게 역사적인 시간의 흐름과 사물들, 생각들, 관습들의 변화와 이 여자의 내면의 변화를 동시에 표현할 수 있을까."

"한 개인의 삶에 역사는 의미가 없었다"

하지만 역사의 기억을 간직하기를 바라는 사람들에게는 실망스럽게도 "그녀의 인생과 역사 사이에는 어떠한 관계도 없다." 역사에서 있었던 수많은 사건들은 "그녀의 것이 아니다. 모두 그녀 안의 상像에 불과할 뿐. 몇 개월 후, 그녀에게는 댈러스에서 일어난 케네디 암살 사건이 지난여름 마릴린 먼로의 죽음보다 더 별거 아닌 일이 될 것이다. 8주째 생리가 오지 않고 있으니까."

에르노는 프랑스 사회를 흔들었던 격동의 역사적 사건들

과 함께 살았던 자신의 모습들을 기록하고 있다. 하지만 인생의 후반기에 이른 에르노가 말한 것은 "한 개인의 삶에 역사는 의미가 없었다"는 것이었다.

"우리는 정치적인 발언들과 세계의 사건들을 어떻게 느꼈는지 평가할 생각을 하지 못했다. 다만 드골을 반대하며 알제리 프랑스 시절에 어렴풋이 파묻혀 있던 이름, 기력이 팔팔한 후보, 프랑수아 미테랑을 뽑는 것에 희열을 느꼈을 뿐이다. 한 개인의 삶에 역사는 의미가 없었다. 우리는 그날그날 그저 행복하거나 불행했다."

시대에 대한 개인의 기억을 솔직하게 기록한 용기

그런 그녀에게 과거는 이미 지나간 일일뿐이다. "그녀가 진짜 생각이라고 여기는 것은 그녀가 혼자 있을 때나 아이와 산책할 때 찾아온다. 그녀에게 진짜 생각은 사람들이 말하는 방식, 옷을 입는 방식, 유모차를 배려한 인도의 높이, 장 주네의 '병풍들' 공연 금지와 베트남 전쟁에 관한 것이 아닌 그녀 자신에 대한 질문들, 존재와 소유, 실존에 대해 생각하는 것이다."

아버지와 어머니, 그리고 불륜의 사랑에 대해서도 용기있게 기록했던 에르노는 감히 역사 앞에서도 흔들리지 않는다. 그녀는 자주 열어보지 못했던 일기장에 이렇게 적었다. "더 이상 아무것도 생각나지 않는다. 나는 이제 내 인생을 더는 설명하려 하지 않고 있다", "나는 이제 프티브루주아가 됐다."

에르노는 글을 시작하면서 "모든 장면들은 사라질 것이다"라고 말했지만, 정작 60여년에 걸친 자신의 시대를 하나하나 꼼꼼히 기억하고 기록하고 있다. 그녀에게는 자신이 살아온 시간을 기억하는 것은 자신을 제대로 아는 것과 함께 가는 일이었다. 그래서 에르노의 글은 자전적 얘기이지만, 시대에 대한 기억을 공유하는 '우리'의 얘기이다. 격동의 역사 속에 살았던 개인을 조금도 미화하거나 꾸미지 않고, 개인으로서의 삶을 있는 그대로 기록한 에르노의 솔직한 용기가 이번에도 무척 인상적이다. "세상에 일어나는 일과 그녀에게 일어나는 일 사이에는 어떤 교차점도 없다. 두 개의 평행선의 연속이다."

'역사적 삶'은 애당초 우리의 당위가 아니었다

정념이 뜨거웠던 그 시절, 역사적 삶을 살아야 한다고

믿었다. "아우슈비츠 이후에 시를 쓰는 것은 야만"이라고 했던 아도르노의 말도, "아우슈비츠를 다녀온 이후에도 나는 밥을 먹었다"고 자탄했던 최명란 시인의 고백도 가슴에 담고 살았다. 그런데 어떤 일이 일어난들 모두들 시를 계속 썼고, 밥을 먹었고, 섹스를 했고, 자식들 걱정부터 했다. 그러니 이제 나이가 들어 에르노의 얘기가 사실일지 모른다고 생각하면서 책을 덮었다. '역사적 삶'이라는 말의 덧없음을 떠올리며.

문득 니체의 말이 떠올랐다. "역사의 과잉 속에서 인간은 다시 인간이기를 중지한다."(『반시대적 고찰Ⅱ: 삶에 대한 역사의 공과』) 애당초 '역사적 삶'이 우리의 당위가 될 것은 아니었다. 에르노의 기억이 가장 사실적일 수 있다.

오십에
처음 만나는
예술

초판 1쇄 인쇄 2024년 4월 5일
초판 1쇄 발행 2024년 4월 10일

지은이 유창선
발행인 전익균

이사 정정오, 김영진, 김기충
기획 조양제
편집 송희옥, 전민서
디자인 페이지제로
관리 이지현
마케팅 (주)새빛컴즈
유통 새빛북스

펴낸곳 도서출판 새빛
전화 (02) 2203-1996, (031) 427-4399 **팩스** (050) 4328-4393
출판문의 및 원고투고 이메일 svcoms@naver.com
등록번호 제215-92-61832호 **등록일자** 2010. 7. 12

가격 19,000원
ISBN 979-11-91517-71-2 03600

* 도서출판 새빛은 (주)새빛컴즈, 새빛에듀넷, 새빛북스, 에이원북스, 북클래스 브랜드를 운영하고 있습니다.
* 파본은 구입처에서 교환해 드리며, 관련 법령에 따라 환불해 드립니다.
  다만, 제품 훼손 시에는 환불이 불가능합니다.